ちくま新書

キリスト教とシャーマニズム

——なぜ韓国にはクリスチャンが

崔 吉城
Chie Kiruson

1598

キリスト教とシャーマニズム――なぜ韓国にはクリスチャンが多いのか【目次】

はじめに　007

はじめに

私は誰よりも合理的な考え方を尊重してきたと思ってきたが、今振り返って見るとどう考えても私の人生は誰かによって書かれた一つの劇のように感じられる。こんな気持ちは私だけではないだろう。誰でも自分の人生は小説にしたら何冊にもなると思うはずだ。とすれば、あなたの、そして私の人生劇の脚本は誰が書いたものか考えてしまうだろう。

私の人生劇には多くの登場人物がいる。親、特に母、そして妻、先生、友人が数多く登場する。本書は、私が生きてきた歴史であると同時に韓国の宗教史とも言える。

本書は私の研究書というよりは人生の物語であるが、自分自身も劇的に感じられるほどだ。このような物語が展開する人生劇の脚本を誰が書き、誰が演技指導をしたのだろうか。このように自問する時が多い。

田舎出身である私は、シャーマニズム（巫俗《ふぞく》）の盲信者である母の信仰は迷信だと思いこんでおり、恥だった。ところが、それが京城帝国大学教授の研究との接点となり、私自身の巫俗研究につながり、さらに日本の植民地研究に取り組むことになったのである。その下敷きになっている劇には精神生命力、すなわち「見えない霊的存在」「神の力」があると考えるしかない。

私はシャーマニズムを身近に感じながらクリスチャンとなり、そしてシャーマニズム研究者となった。そんな私が到達した、韓国ではシャーマニズムがあってこそキリスト教が盛んとなったという状況をこの本で述べていきたい。そしてこれは、日本の事情とは大きく異なることもわかっていただけると思う。

私の話、人生劇にしばし読者も参加していただければと思う。

序　章

日本と韓国のキリスト教文化

韓国東海岸漁村で、シャーマンが祀る鳥竿

イギリス　リーズ大学構内のナイトクラブとなった教会

†教会がナイトクラブに（イギリス）

二〇〇八年九月三日、イギリスを訪れた私はリーズ大学で二人の方に会った。一人はギリシャ出身の博士課程の学生、もう一人はアフリカにおけるフランス植民地研究の権威であるジム・ハウス先生である。長時間、お話を聞かせていただいた後、本屋や図書館などを案内していただいた。私は、時差もあり、二時間ほど歩いて大変疲れてしまい、少しぼんやりしていた。

ハウス先生が大学の構内を案内してくださり、途中で大学の建物について説明があった。大きい教会の建物を指さしながら、以前は大学の教会だったが売却され、今ではナイトクラブになっているという。私は驚き、目が覚めたような気分だった。エングリカンチャーチ（聖公会）

など、キリスト教の先進国でもあるイギリスで大学の教会がナイトクラブになっているとは、なんと皮肉な話であろうか。

宗教の世俗化のひとこまではあるが、悲劇的な終末のように思えた。神聖なる教会が世俗的な飲み屋になっている。彼と別れて歩いていると、教会が建てた「富ではなく、生活だけ(not Wealth, only Life)」という掲示板が見えた。皮肉かつ滑稽な風景である。

ジム・ハウス先生（右）と筆者（左）

†日本のクリスマス文化

日本のキリスト教会はどうだろう。暗黒の社会に光として現れ、人類愛を訴えて宣教し殺された、イエスの生誕を記念するクリスマスであるが、日本では表面的なクリスマス文化が盛んである。そこでは祈りと礼拝による信仰は意識されず、本質抜きの偽クリスチャン文化のように感じる。

ある時、私は広島の街で美しく聳《そび》えているゴシック式建物を見て教会だと思い、入ってみたところ、対応してくれた事務員から結婚式の参列者と間違われて驚いた。それはキリスト教会ではなく、教会を真似た結婚式場だったのである。ブライダル業界はキリスト教の厳粛な雰囲気、聖なる感情を借用している。イギリスの例とは逆ではあるが、ここでは宗教のイメージが生きているのかもしれない。

周知の通り、日本ではキリスト教の信者はマイノリティーで、クリスチャンは稀であるが、クリスマス時期の商店街やデパートはクリスマスツリーやイルミネーションなどで華やぎ、クリスマス・キャロルが盛んに流れ、あたかもクリスチャンの国のようである。

クリスマスは世界的なイベントで、イエスの生誕と関連するクリスマスツリーやキャンドルなどが販売されるが、日本では宗教的な意味は重視されず、文化的かつ商業的なクリスマスになっている。この時期に日本に来た外国人は日本がクリスチャンの国であるかのような印象を受けるであろうが、それは信仰とはまったく関係がない。

日本は西洋から主に科学技術を取り入れて近代帝国となり、植民地を得て戦争へと突き進んでいくが、キリスト教が普及することはなかった。日本のクリスチャンは一%前後である。西欧諸国におけるキリスト教の世俗化が著しい中、日本のクリスマスの賑わいは異様にも思えるが、これは単なる文化の一つに過ぎず、商店街で行われる祭りのようなものである。日本はクリスマスケーキなどの文化は受け入れたが、信仰は受け入れなかった。ここに日韓の大きな差がある。日本では普段キリスト教を意識せず、むしろキリスト教信仰に否定的な印象を持つ人が多いが、文化としては歓迎している。

たとえば山口県山口市は「一二月、山口市はクリスマス市になる」と宣言して、様々なイベントを行っているが、ここには信仰的な意味はなく、キリスト教の遺産を世界遺産として登録しようとしている。クリスマスは信仰ではなく、イベントや祭りとして普及している。日本ではクリスマス、バレンタイン、ハロウィンなどが盛んで、非常に盛り上がる。

イエス・キリストは闇の夜、人類に光を灯すために生まれた。イエスは馬小屋で生まれ、試練の生涯において人類愛を訴えたにもかかわらず、ローマ行政とユダヤ人によって十字架にかけられて死んだ。身分の高い家に生まれ、ぜいたくに暮らして死に、盛大な葬式が行われる人生だったわけではないのである。

高校の時、英語の授業でディケンズの『クリスマス・キャロル』を読んだ。その時の先生の解釈と説明を全部は覚えていなくとも、スクルージの守銭奴的な人物像を批判する精神は私の心に刻まれている。二〇〇八年の九月初めに大英博物館に行った時、ディケンズのことを思い出し、道行く人に記念館の場所を尋ねたが知っている人はおらず、彼は本国以外で有名なのだろうと思った。その後、安価なポケットブックの『クリスマス・キャロル』を買った。帰国すると偶然にも、教会からその年のクリスマス礼拝の説教の依頼が来ていた。

そしてもう一つの偶然がある。二〇〇八年、旅行中に読むつもりでこの本をポケットに入れて韓国に行った。すると一一月一七日ソウル大学でイギリスの著名な人類学者、アダム・クーパー氏が講演しており、『クリスマス・キャロル』について言及したのだ。これはチャンスだと思い、私は彼に話しかけた。

吝嗇家《りんしょくか》のスクルージがクリスマス・イブに超自然的な体験をし、それがもとで改心する。スクルージという冷酷かつ無慈悲、エゴイストで人間の心の温かみや愛情とはまったく無縁の日々を送っていた人物がクリスマス・イブに亡霊と出会ったことにより、未来は変えることができるということを知る。私たちはスクルージとどう違うのか。もしかすると「質素」という美徳を装っているだけなのかもしれないという話をしたことを覚えている。

†韓国の赤い十字架

キリスト教では十字架上で死んだイエス・キリストにはよみがえり、つまり復活の意味がある。キリストの処刑後、三日目の復活は「第二の創造」のはじまりである。この思想は死後の霊魂観であり、永遠なる生命、命の大切さを語る。儒教では子供を産むことに永遠観を持ち、道教は不老不死の生命を延長させる信仰である。キリスト教は死を超えた永遠の命を信ずる信仰である。

韓国旅行をした日本人は夜になると至るところに赤い十字架のネオンが目立つため、韓国には救急病院が多いと思うようだがこれらはすべて教会で、コンビニエンスストアよりも教会が多いといわれている。

儒教を国教としていた朝鮮王朝では、一八世紀に多くのキリスト教徒（天主教）が殉教するという悲劇が起きたが、その後、キリスト教は順調に普及し、現在では三割近くの人々がクリスチャンとなっている。韓国は戦後、世界で最もキリスト教化が進んだ国であり、その急成長の原動力が積極的な宣教活動であったことはたしかである。二〇一四年八月一六日、フランシスコ・ローマ教皇が訪韓し、光化門《クァンファムン》大通りで行われたミサには一〇〇万人が殺到した。世界的にキリスト教が世俗化し、信者が減少傾向にある中、これは新たな伝道集会であるようにも感ずる。

一方で韓国のキリスト教の急成長への批判もある。韓国のキリスト教会はイスラム教・ユダヤ教社会にも宣教を企て、多くの宣教師を派遣したが、二〇〇七年にはアフガニスタンで韓国のセンムル教会の信者たちが武装勢力タリバーンに人質にされ、牧師が殺害された。国内でも乱暴な宣教の結果、キリスト教に対する韓国人の抵抗感は増している。

キリスト教は世界的に伝播されて土着しており、韓国でも早くから西欧の宣教師たちが宣教活動を行った。たとえばドイツから来たウェバー宣教師は一九二五年、当時の朝鮮文化に関する一六ミリの映像フィルムを残している。私は彼の出身地であるオテリエンに行き、彼に関するインタビューをしたことがある。

カトリックは東西に分かれており、ロシアなどの東方正教会は民間信仰と融合・土着し、教会内にはイコンが数多く飾られている。これはキリスト教にイコン信仰が影響したものであろう。また、シベリアでは民間信仰として多くの神像が作られている。カムチャツカの教会では複数の牧師が登壇し、激しい音楽とともに祈禱が行われた。

韓国キリスト教会は「セールスマンよりしつこい」と言われるほど宣教活動を行ったことにより信者を増やし、今や韓国は世界でも例のないキリスト教宣教が成功した国となっている。

そして地の果てまで宣教をするとして宣教師たちは積極的に海外へ赴き、地域によっては宣教地内での教派間の競争も激しい。たとえばサハリンでは宣教師が教派ごとに教会を建て、宣教活動をしている。イスラムの国であるウズベキスタンでは中心地に現地の警察の建物よりも大きい教会を建て、市民の顰蹙《ひんしゅく》を買っていた。

日本には宗教の自由があり、宗教ビザは比較的簡単に取得できるため、在日教会を中心として多くの韓国人宣教師が来ている。しかし、日韓は儒教、仏教などでは通じ合うところもあるが、キリスト教に関しては相反する。中には日本文化を十分に理解しないまま、日本で活動している韓国の宣教師もいる。人類愛の実現を目指す宣教がともするとユダヤ教のように自民族中心になることもある。在日韓国教会は在日自体が少数であり、さらには日本ではクリスチャンがマイノリティーであるため、民族主義的な傾向が強い。

私はイギリス、ドイツ、カザフスタン、サハリン、カムチャツカ、南アフリカ、中国など多くの教会の礼拝に参加している。特にドイツ・ミュンヘンのオテリエンでは二〇〇人あまりがクリスマス礼拝に参加し、教会の博物館、ギャラリーを観覧し、書店で聖書関係の本や聖具などを買い、食堂や喫茶店で昼食を楽しみながら人々と語らう。これはまさにキリスト教中心の信仰生活で、そうした生活に直接触れることができたのは幸運であった。

カザフスタンの教会と南アフリカの教会では、合唱団の讃美歌が礼拝の中心であった。こうして見ると韓国の教会は例外的ではなく、むしろ聖書勉強会のような日本のキリスト教会のほうが例外的であるように思われる。好き嫌いは別として現在、世界で起きていることは知識として理解しなければならない。

また、イントラムロスの中にあるマニラ大聖堂の礼拝にも参加した。聖堂はスペイン植民地時代の建物で第二次世界大戦時に火災で消失し、一九五〇年代に再建したものである。三〇〇人あまりの信者で礼拝堂はほぼ満席となり、礼拝は英語で行われ、左右両側のモニターに賛美歌の歌詞が映し出されていた。聖書・賛美歌集を持参する人はおらず、神父の司祭により長時間にわたる礼拝が進められた。これは信仰というよりも、すでに慣習となっているように感じた。カトリックはスペイン植民地が残した最大の遺産であり、現地には聖堂や住宅などの建物が残っている。

マニラにおけるスペイン植民地時代の住宅は、一九七〇年代に再建されたものである。植民地当時の姿をそのまま残しているのは一六〇四年に建立された聖オウガスチン教会で、これも度重なる地震や戦争を乗り越えてきたものである。教会の前庭が死刑執行場所であったことは、教会が植民地政策に加担していたことを物語っている。円形の鐘塔にある所蔵品は古色蒼然としており、撮影は禁止されている。

ユダヤ教では古くから律法主義が強く、イエスはこれを批判し、今の言葉で言うところの規制緩和を主張した。彼は愛のない理屈詰めの社会を「愛」で改善しようとした。結婚届など法律的な手続きは愛情をより深めるために存在しており、単に法律的に結ばれた愛情のない政略結婚などの夫婦は姦淫に過ぎないというのがイエスの考え方である。

†シャーマニズムとキリスト教

研究によると、韓国におけるキリスト教の核心部分ではシャーマニズム的要素が強いという。たしかに、教会で行われる病気治療のための祈りなどはシャーマニズムと変わりがない。私が幼い時にしばしば連れられていったシャーマンの祈禱所として有名な紺岳山《カマクサン》には現在、キリスト教の祈禱院が多くあり、シャーマニズムとキリス教が共存している。

ここで個人的なことではあるが、私の母について語りたい。母は黄氏といい、父より一つ年上だった。父は一〇歳で一一歳の母と結婚した。私の母方の祖父が日本の侵略に抵抗し、義兵軍を指揮していたため日本軍から逃れながら暮らしており、娘（私の母）を早く嫁がせたという。母は生涯を通じて誕生日を知らないままだった。

母が私を産んだのは四一歳の時である。私は一一人目の末っ子として生まれたが、姉と私以外の九人の子供は乳幼児期に死亡した。そのため私に対する親の期待は大きく、私は親のみならず、村人の関心の的でもあった。私が泣くたびに村人たちがあやしたり、なだめてくれたりしたことを今でも覚えている。母はよく泣き、目を悪くした。

筆者の母

父はいつの間にか商売を始め、その後は牛商（牛の売買）を始めて、財産を増やした。タバコは吸っていたが酒は飲まず、勤勉で多くの村人に尊敬されていた。父は商売には成功したが子供には恵まれず、息子である私の成長を楽しみにしていた。母は熱心なシャーマニズム信者で、行きつけのシャーマンに儀礼を依頼し、私のために祈っていた。今でもその姿が忘れられない。

恩師の任教授〈右〉

恩師の李教授〈右〉

私は田舎からソウル大学に入り、大学では民俗学者の任晳宰《インソクチェ》先生、文化人類学者の李杜鉉《リトゲン》先生という二人の恩師に出会った。先生方は私が楊州《ヤンジュ》出身であることを知り、植民地時代、京城帝国大学で教鞭を執っていた秋葉隆教授（一八八八—一九五四）のことを教えてくださった。秋葉教授と赤松智城との共著『朝鮮巫俗の研究』には私の母が懇意にしていたシャーマンの写真が掲載されている。彼女に見せると驚き、写真に出ている他のシャーマンの名前を教えてくれた。秋葉教授とつながりのある巫系が我が家とつながっていることに驚いた。

二人の先生に連れられ、あるいは私がシャーマンのところに案内するかたちで研究が始まった。私は迷信と思っていた母の信仰とつながり、運命的にシャーマニズムについて研究することになった。そして日韓国交正常化の直後、秋葉先生の弟子である泉靖一先生が韓国に来られ、それを機に私は日本に留学することになった。留学当時の苦労話は山ほどあるが、ここに『東洋経済日報』(二〇一一年六月一七日)に掲載された文章を引用してみる。

私の日本留学には最初から無理があった。日韓国交正常化となり、石田英一郎先生、泉靖一先生などが来られ、韓国文化人類学会で講演会が行われた。私はその時、幹事をしていた。一九七二年、ソウル大学の恩師の李杜鉉先生の紹介で日本留学をにわかに決心した。海外への持ち込み制限額二〇〇ドルを持って日本に来た。ある教会で泊めてくれるという期待を持ってきたが、そこの長老から「教会は旅館ではない」と断わられ、期待は大きくはずれ、もち金は数日間の滞在費に過ぎなかった。私は突然飢え死にする境地になっていた。さらに私は高い学費を払わなければならなかった。兎に角その頃は常に無銭の状況であった。

日本語ができず、すべてが無能な無重力な状況で私は完全に気力も失った。書籍販売会社で労働、食堂や洗車所などでアルバイトをし、授業料を払うまでにはもっと必死にならなければならなかった。さらに韓国人としてアパート探しも難しかった。ほぼ決まる段階で韓国人であることを知った家主の方は、丁寧に後で夫と相談の上連絡しますと言った。私はその言葉をそのまま信じて嬉しかったが、同行した友人は不可能であろうと言った。まさにその通り不可能だった。

ようやく見つかったアルバイト、一〇日間で「アルバイト料はいくら出せばいいか」と聞かれて「貴方の判断におまかせします」と答えて、報酬の入った封筒をもらった。一万円だった。最初の日本人との仕事上の出会いというか、縁がこんな状況であり、大いに失望した。しかし考えてみると自分がしっかりしていなかったからである。朝鮮奨学金、米山奨学金へのアプライも不合格だった。英語塾の教師へ推薦により面接に行ったこともあったが落ちた。そんな最中に指導教授を亡くし、浮いてしまった。私はすべての日本人の先生から疎外されたような気持ちになり、地獄に落ちた感じであった。さらに日本の気候に適応できず腰を痛くし、激しい労働で結核の再発の憂いが襲ってきた。

しかし辛いことばかりではなかった。狭い道を歩くような苦難にも柳東植先生のように最後まで信頼してくれて、相談に乗ってくれた方もおられた。そんな私に柳先生は空港で帰国時、ポケットに残っているコインをくれた。それは貴重な恩恵のお金であった。後に伴侶の幸子に出会ったことも幸運であった。

そんな時のある日、大学の階段で一万円札を拾った。貧困の境地にあった私にとって正直さのテストであった。事務室に届けてほっとした。また民団で世話になった老人から私がお金を盗んだと非難され、相手の勘違いだとわかっていたが、私は賠償した。後に彼がそのお金を戻しながら自分の勘違いであったことを詫びてくれた。

東京大学の中根千枝先生の研究会で発表し、伊藤、末成、嶋の諸氏の協力を得て学位論文を準備、成城大学では堀一郎先生、森岡清美先生のご指導を受け、さらに野口武徳先生が主査となり、丁寧にご指導下さり白水繁彦さんのご協力も得て学位論文を提出したが最後まで学位は認めてもらえなかった。後に筑波大学の芳賀登先生の推薦で宮田登先生が主査となり、指導を受けて論文を提出し、文学博士の学位を取得したのは望外の喜びであった。その時にはすでに留学から一三年の歳月が流れていた。

私は韓国に帰国して日本語の教員になったが、学生たちから恥辱的な「親日先生」と言われ、大きなショックを受けた。後に啓明大学の日本学科に移り、これに反抗する気持ちで日本植民地研究を始めた。そこでは秋葉隆の研究から始め、現地調査を進めていった。秋葉教授の研究は二人の恩師により継承され、戦後の韓国でも評価されていた。私の故郷との縁から始まったシャーマニズム研究は植民地研究へとつながり、拡大していった。日本の大学からも三回ほど招聘され、職場を移しながら現在も研究を続けている。私は自らの環境に感謝し、日韓を超えて研究を世界へ広げたいと考えている。

父は儒教的な人間であり、母のシャーマニズム信仰に賛成したわけではないが、子供の健康のために祈ることに反対はしなかった。私は母の信仰から強い影響を受けており、一六歳の時まで母とともにシャーマンの家を訪ねていた。母は毎年、中部地域では有名な神山である紺岳《カマク》山《サン》へシャーマンを伴って赴き、祈りと儀礼を捧げてもらっていた。母は幼い私を同行させたが、私は学校に行くようになってからはシャーマニズムを避け、神がかりや現世利益的な信仰に批判的になり、紆余屈曲を経て結果的にクリスチャンになった。

韓国ではキリスト教とシャーマニズムは対極にあると考えられており、シャーマニズムは迷信として排斥の対象となっていた。信仰を恍惚状態へと変換させる精神構造を持つ韓国人は、音楽や芸能によってシャーマン文化の激しさを表現する。日本人にはうるさく感じられるかもしれないが、これは韓国人のダイナミックさを象徴している。

シャーマニズムはなぜキリスト教と和合するに至ったのか。私はシャーマニズム文化で育ち、洗礼を受けてキリスト教に改宗したが、やがて両者の相違点について考えるようになった。牧師の説教を哲学の講義にたとえるならば、神様をお父様と呼ぶのはおかしい。またシャーマニズムでは女性が祈りを捧げる。男性は祭祀で祝文を読み上げるだけだがキリスト教会では男性が大声で祈りを捧げる。これは本当に不思議であった。

キリスト教に改宗しても表面上はそれほど変化がなかったが、人生には大きな変化があった。私の中でシャーマニズムとキリスト教は連続しているが、私の人生観はキリスト教によって根本的に変わった。シャーマニズムとキリスト教信仰は私という存在の中で大きく作用しており、母のシャーマニズム信仰が私のシャーマン研究につながったのである。

第１章

シャーマニズムの中で生まれ

筆者の母の死霊祭

†私の育ちと研究

私は戦前の韓国の貧困農村の出身である。私の生まれたところは草家《チョガ》（藁葺《わらぶ》き屋根の家）であり、一九七〇年代までは電気も通っていなかった。今から考えると旧石器時代のようである。当時、日常的に使う道具は綿の種を取るムレと木の臼で、鉄でできたものは包丁と鎌、若干の農具ぐらいであった。常備薬はなく、トイレットペーパーもない。

小学校四年生まで自動車を一台も見た覚えがなく、乗り物といえば日本の警察の自転車を見たことがあるぐらいであったが、一九五〇年六月に朝鮮戦争が起き、飛行機や戦車、銃、大砲など多くの武器を目にするようになった。そこで初めて最新の武器と文化に接し、大変驚いた。私はこのような農村出身であることを恥じていない。むしろ石器時代からインターネット時代に至るまでの文化的な第一波、第二波、第三波を生きてきたことを誇りに思っている。

三八度線近くの貧村で生まれたのだが、そこが朝鮮戦争の時に軍人の性暴行を防ぐために売春婦が入って売春村になったことがあり、その体験を基に慰安婦に関する著書を出した。また、シャーマニズムの母胎信仰（生まれる前からの信仰）を脱して近代的な青年になろうとしていた。しかし、前述したように恩師が我が家のお抱え巫女について研究した京城帝国大学の秋葉教授の弟子であったことからシャーマニズム研究に取り組むことになり、日本留学を経て日本の植民地研究に着手する。これが慰安婦問題にもつながり、日韓関係についての考察に至る。このように、子供の頃からの生活環境が研究の原動力となっている。

私の村は、韓国動乱の廃墟というほかには何の価値もないところだが、今は北朝鮮に接している場所となっている。私の父は元山《ウォンサン》など三八度線を行き来しながら牛の売買をして平穏に暮らしていたが、私はそこで恐ろしい戦争を経験した。その痛みが今なお生活の力、支えとなっている。

私の故郷にはシャーマンが多く、迷信の巣窟のようであったが、シャーマニズムを研究するようになってから、それを迷信ではなく信仰・宗教として理解するよう努めた。我が故郷の松《ソン》岳山《マクサン》、徳物山《トンムルサン》、紺岳山はシャーマンの信仰地として有名であり、特に紺岳山は神霊あらたかな場所として民間で広く崇められている。我が家のみならず、この地域ではシャーマニズム信仰が強い。我が家から一里ほど離れた山は、シャーマンたちがクッ（儀礼）を行う山として有名である。

紺岳山（標高六七五メートル）の頂上には高さ約三メートルの「ビッドル（碑石）大王」と呼ばれる石碑があり、崔瑩《チエヨン》将軍神が祀られている。口伝によればこれはもともと山の麓の道沿いにあり、通過する人が下馬しなければならなかったが、ある武官は乗馬したまま通ったため馬とともに死んだ。これを目撃した村人たちが、今の山頂に移したという（『京畿道誌』）。

私の母はこの山に行き、山神を迎えて儀礼を行っていた。私は幼い頃、両親と一緒に儀礼を見物することを楽しみにしていたが、ある年は連れて行ってもらえなかった。それは私に不浄な悪運があったためで、泣きながら訴えたが参加は許されなかった。

私は父の儒教、母のシャーマニズムという二つの宗教環境のもとで育った。秋葉隆教授は私の生まれ故郷である楊州旧邑《クウプ》をはじめ、紺岳山、徳物山などでシャーマンの調査を行い、後に抱川松隅里《ポチヨンソンウリ》などで村落調査を行った。恩師である任晳宰、李杜鉉両先生を通じて秋葉隆教授の『朝鮮巫俗の研究』『朝鮮巫俗の現地研究』などの著作を知り、楊州での現地調査に同行した。その成果は張籌根《チャンジュグン》・崔吉城『京畿道地域巫俗』（文化財管理局・一九六七年）としてまとめた。

私の母とシャーマン

母が篤信していた巫堂《ムーダン》（朝鮮のシャーマン）の儀礼は私にとって幼い頃からなじみ深いものであったため、シャーマニズムを研究するうえで利点も多く、巫俗学会は私を顧問として推戴してくれた。

私の生まれ故郷である楊州は秋葉隆・任晳宰・李杜鉉という三人の先生のフィールドであり、母と関係の深いシャーマンである趙英子《チョウヨンジャ》につながっていた。幼い頃、シャーマンの真似をして歌い踊り、鍋のふたでシンバルのように音を立てながら遊んでいた私は、このようなことが研究対象とされていることに違和感があったが、やがて自らもシャーマニズムを研究することになったのは奇遇なことである。母の信仰が私の研究対象となり、母と深い関係にあったシャーマンが被調査者、インフォーマントとなったのである。

趙英子は一九〇八年ソウル生まれで、私はまず彼女を中心としてシャーマンの系統を調べた。その際、「巫堂」という用語の代わりにシャーマンという用語を使うことにした。

趙氏は二一歳から約三年間、背中が痛くて体がだるく、雷に打たれたようになり、空を飛ぶ夢をよく見た。時には、座ったまま塀を越える夢を見ることもあった。ある時、夢に家が出てきた。その家は瓦葺きで、門の両側には三枝槍《サムジチャン》と青龍刀が立てられていた。そこに突然老人が現れ、「この家は君の家だから入りなさい」と言われ、その家に入って激しく飛び跳ねるように舞った。

紺岳山山頂にて（1965年筆者）

そんな日々を過ごした後、シャーマンになろうとするが家族から反対されたため、密かに儀礼を行っていた。家族は趙氏の病気を治すため、シャーマニズム信仰とは違う呪術者の盲人を呼んで経文を読んでもらい邪気払い

趙英子

をしたが、結局二四歳でシャーマンになった。主にベジタリアンで飴や果物を好み、口寄せ（霊の言葉を語ること）は標準語を使い、比喩が多いが理路整然としている。

調査を進めていく中で、彼女が私の神母（神の母親）である擬親子関係であることが判明した。私が一六歳の時捧げられた、シャーマンを神母とする神子関係のミョンダリ（命橋　シャーマンとの擬親子関係の証票）を見たことがある。巫女が甕《かめ》に入れ埋めて保管していた九〇〇個あまりの中から、母が私のために捧げた命橋を取り出して見せてくれて、非常に感動した。しかも趙氏の巫系を遡ると、母が懇意にしていた巫たちともつながっていた。

これは現在、国立民俗博物館に所蔵されており、張籌根《チャンジュグン》先生の本で紹介されている（張籌根『民俗写真エッセー』民俗苑・二〇〇四年、八七頁）。この巫女の趙英子は私に親しみをもって、シャーマニズム（巫俗）に関する多くのことを教えてくれた。彼女はクッの名手として楊州では有名で、その名はソウルや議政府《ウィジョンブ》でも知られていた。私は祖父とともにソウルに行く途中、彼女の家に一晩泊まったことがある。この巫女との縁と出会いは、私の人生の方向性を決めるものであった。

韓国における初期のシャーマニズム研究としては、一九世紀末の西洋人宣教師たちによるものがある。彼らのシャーマニズム研究はキリスト教の宣教のためであり、熱心な宣教活動の傍らでシャーマニズム研究が行われた。

†恩師たちのつながり

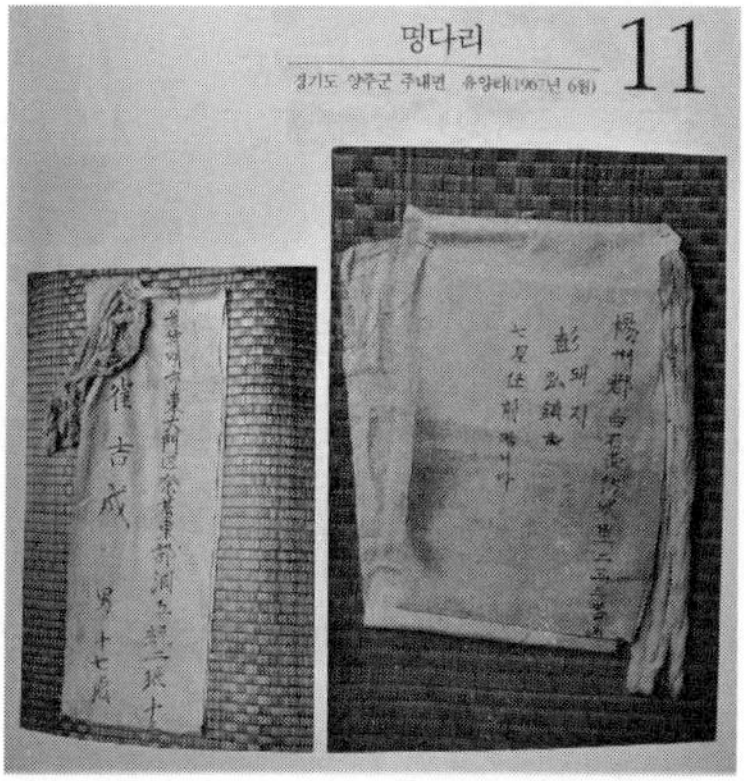

筆者の命橋

日韓の国交が正常化した後、秋葉隆の弟子であった東京大学東洋文化研究所教授の泉靖一先生が韓国を訪れ、韓国文化人類学会で講演した。私は学会の幹事としてこれにかかわり、また一九七〇年一〇月、秋葉の現地調査地である楊州を訪れた際に、趙英子が行うクッに案内した。泉先生が彼女に死生観について質問すると、彼女は「死後の来世についてはあまり関心を持っておらず、生きている現世でよく食べて、よく暮らせば十分であり、シャーマンになったことを一度も後悔したことがない」と言った。

私は評論家を志してソウル大学校師範大学に入学した。恩師は前述したように任晳宰、李杜鉉両先生である。任先生は教育心理学科で初めて文化人類学の講義を行い、私がそれを聞いたことが文化人類学との出会いとなった。先生は古いノートを見ながら講義しており、私はそこでマリノウスキーなど文化人類学者の名前を知った。任先生は講義で時折、楊州の仮面劇について話をされた。

秋葉隆教授が我が故郷のシャーマニズムを研究した際、彼は現地調査で通訳に頼らねばならなかったが、そこには優秀な助手・協力者がいた。『朝鮮民俗誌』には加藤灌覚《カンカク》、金東弼《キムドンピル》、柳《ユウ》洪烈《ホンヨウ》、泉靖一などといった訳者・協力者の名前が見られ、任先生についても「任晳宰の調査に依れば」「任晳宰氏談」「全羅北道高敞の任晳宰氏の報告に依れば」などといったくだりがある。私は恩師の教えを受けながら研究を始めた。韓国内では調査と報告書が警察によるものであったため、信頼性が薄いとされていたが、秋葉と泉によって作成された資料は現在のソウル大学博物館に収蔵されている。

任晳宰先生は、秋葉隆教授が楊州のシャーマンに関する研究をしたことを私に教えてくださり、秋葉教授が撮影した巫女たちの写真を見せてくれた。それは一九六一年のことだったと記憶している。それ以降、私は長らく任晳宰先生の教えを受け、調査にも同行した。

任晳宰は秋葉教授からの影響で楊州仮面劇に強い関心を寄せており、李杜鉉もまたこれに関心を持っていた。私は両先生と一緒に現地調査に赴くことがたびたびあった。

また、任先生は秋葉隆教授が調査を行った際、民俗資料の収集を手助けし、一九二九年に行われた楊州仮面劇の調査で通訳を担当した。さらには仮面劇の台詞の採録に協力し、戦後も引き続き仮面劇の調査研究を行った。これは秋葉が現地の若い研究者を積極的に登用し、ともに研究を進めるというかたちで後進を育てたからであろう。第二次世界大戦末期の言動を除き、秋葉は研究においては客観的かつ精力的であった。

任先生をはじめとする弟子は戦後も秋葉を尊敬し、肯定的に評価した(「人間任晳宰」『比較民俗学』比較民俗学会・一九九三年、一二五〜四六頁)。秋葉教授の自宅で楊州山台劇人チョ・ジョンスン氏が口述した時、任先生が採録し、翻訳本を作成した。秋葉はこれをもとに発表し、任先生も翻訳作業のハングル本を発表した。任先生は秋葉との関係をこの中で次のように語っている。

一九二九年冬に京城帝国大学社会学教授の秋葉氏から景福宮の慈慶殿でタルチュム(仮面劇)公演があるから来てほしい」という連絡があった。そして慈慶殿の前庭で行われる仮面劇を見物することになった。出席者はおよそ一〇〇人程度、ある記者は流浪劇団じゃ

我が家の行きつけの巫女宅

ないかと言ったりもした。仮面劇を見た後、しばらくして秋葉隆教授の要請で仮面劇の台詞の通訳を頼まれ、私はこの時、採集した楊州別山台を韓国語で採録し、それを日本語に翻訳した。

秋葉はその翻訳文を基に「山台戯」（『日本民俗学』一九四八年）を発表し、任晳宰はハングル本の日本語への翻訳作業をした。秋葉は「任晳宰に連絡をして、一緒に楊州に行ったことがある」と述べており、任先生は「恩師秋葉」と呼び、次のように振り返っている。

「私が学生の頃、大学の教授の秋葉氏がシャーマン研究を始めたという話を聞き、秋葉先生を内心軽蔑しました。当時、識者、とりわけ新学問を学んだ人たちはシャーマンを蔑視しシャーマンのクッを『けばけばしい消費行事』と考えていたので、そんなことを大学教授が研究するなんて無駄なことをすると思い、秋葉先生がシャーマンに対して聞いてきても誠意をもって接しませんでした。シャーマンのクッをするのに同行しようとしても言い訳をして、あまり行きませんでした。たまにシャーマンに対して話をしてもただ聞いていました。このように私はシャーマンやシャーマン儀礼について何の関心もなく、その価値も無視してしまいました。しかし、巫歌には神話が込められているのではないかと思い、シャーマニズムの民俗誌を作成してみようと思いました」。

†キリスト教との出会い

ここで、私がキリスト教に帰依するきっかけとなった重要な危機について触れておく。

私は中学校時代、肋膜炎を患ったことがあるが、その時は漢方薬で治癒し、その後は比較的元気になった。高校時代はアルバイトで疲れ、栄養不良や受験勉強もあって心身がかなり衰弱したが、大学に入学してからは若者らしい夢を持ち、野心に満ちていた。

一九五九年にソウル大学校に入学し、その翌年には李承晩大統領の三選改憲に反対するデモに参加した。ソウル大学校でも死亡者二一名、負傷者一七二名が出た四月一九日の学生革命により李承晩政権は崩壊したが、一般国民は納得しなかった。学生運動を理解してもらうため、農村啓蒙という名を借りての政治的学生運動が盛んに行われた。私も大学の支援を受けている啓蒙隊に参加し、慶尚北道《キョンサンブッドウ》海印寺《ヘインサ》付近の農村で夏休みの期間、昼間は勤労奉仕、夜は精神的啓蒙を行いながら充実した日々を過ごした。その帰りの汽車の中で突然、血を吐いた。

ソウル大学の保健診療所を訪れてレントゲンを撮り、帰宅後も不安と焦燥感に駆られつつ一週間待った。レントゲン検査の結果、重症の結核と宣告され、診療所の姜亨龍《カンヒョンヨン》博士からは「死ぬかもしれない」と言われた。死刑宣告を受けたような絶望感で目の前が真っ暗になり、私は何も考えられず、涙を流して座っていた。医師は大学の後期の登録の取り消しと治療投薬の処置をしてくれた。ひと昔前まで結核は大変恐ろしい病気で、多くの人が命を落とした。私は当然、休学せざるを得なかった。

私は死を覚悟し、返金された学費で一俵ほどの米を買い、療養のために帰郷したが我が家はすでに他人の手に渡っており、従兄弟を頼らざるを得なかった。しばらくの間は居候し、服薬治療を続けながら安静の日々を送っていたが、感染する恐れがあることから、一つ年下の精神疾患のある甥と隔離生活を送らねばならなかった。

養鶏場の側に建てられた小さな小屋で、彼と日々を過ごした。甥は一歳年上の私をおじとして尊敬してくれたが、彼がいつ痙攣発作を起こすかわからず、また鶏につく虱《しらみ》がうつり、非常に苦痛だった。私は孤独感にさいなまれ、失望のどん底にいた。

そんなある日の夜、ひとりの青年が私たちの小屋を訪ねてきた。ソウル永楽《ヨンラク》教会の開拓教会の伝道師であり、宣教師の秋秉華《チュビョンファ》先生である。彼は私の甥の病気を慰め、祈るために来られたのだが、私を見て非常に驚いていた。彼は甥と私の話に耳を傾け、私たちのために祈ってくれた。

その日以来、私は希望を持てるようになり、田舎の藁葺き屋根の教会へ足を運ぶようになり、一九六〇年のクリスマスにソウルの永楽教会で韓景職《ハンギョンジク》牧師から洗礼を受けた。これは文字通り洗う儀礼（バプテスマ）で、私は正式にクリスチャンになった。洗礼はキリスト教の入信に際して行われ、浸水（浸礼、身体を水に浸す）または灌水（頭部に水を注ぐ）、滴礼（頭部に手で水滴をつける）をする。新約聖書の『マタイによる福音書』三章一三〜一七節には次のように記されている。

> 一六節：イエスは洗礼を受けると、すぐ水の中から上がられた。そのとき、天がイエスに向かって開いた。イエスは、神の霊が鳩のように御自分の上に降りて来るのを御覧になった。
>
> 一七節：そのとき、「これはわたしの愛する子、わたしの心に適う者」と言う声が、天から聞こえた。

洗礼によって、信仰的に生まれ変わるという。

二カ月ごとに上京し、ソウル大学の保健診療所でレントゲンを撮った。レントゲンに写る影の意味はまったく理解できなかったので、医師の表情を見守るしかなかったが、意外にも姜亨龍博士は「大きく好転しました。治療の成果が大きいですね」と言ってくださった。その後も定期的に保健所に通い、治療を受けた。姜博士の医術は単なる医術ではなく仁術であると感じ、感謝と尊敬の気持ちに満たされた。

私の病状は、自覚的には大きく好転する様子はなかったが、医者の許可があり、大学は再登録して通学していた。無理して疲れることもあり、病気はなかなか治らなかった。そんなある日、ソウル大学の保健診療所から来るようにと連絡があった。私が訪ねた当日、姜博士は不在であったため、スタッフがチャートを見せてくれた。そこには「投薬中止」と書かれており、全快したことがわかった。投薬と注射により、肺結核は四年半で完全に治癒したのである。

レントゲン写真には古い病巣が白く石灰化したものが写っており、つらい過去が浮かんできた。その病巣はことあるごとに私の行動を制限してきた。スポーツとは縁のない生活となり、規則的な生活を送るようになった。姜博士にとって私の治療は仕事であり日常かもしれないが、私にとって博士は命の恩人である。その後、姜博士はソウル大学校を離れて個人病院を開院し、私はそこにお伺いしたこともあった。

療養生活は孤独であったが、精神的に大きく成長した。まず生命の大切さを実感するとともに人生に感謝し、健常者のみならず身体の不自由な人、動物にも温かいまなざしを注げるようになった。疾病は人を弱くし、生命を奪うものであるが、時には人を強くする。私は肉体的に生まれ変わっただけでなく、精神的にも再生したのであろう。

それまでは出世主義の熱情に駆られ、世渡りの秘訣について書かれた本などを読んでいたが、それ以降は死について書かれた哲学書などを精読するようになった。死について考えることは私の研究の主要なテーマとなり、民間信仰においても死に関することを深く追求するようになった。

†水の持つ宗教的な意味

水には世界的に広く宗教的な意味がある。水は清めるものであり、また供物でもある。キリスト教では「洗う儀礼＝洗礼」は「罪をきよめる儀礼」と考えられている。洗礼を受けることには、洗うことを超えて神の霊を受けるという意味がある。人間の罪を洗い清めると同時に、聖霊が与えられるという。

水で不浄を浄める文化は世界的にみられ、日本の祭りでも禊《みそぎ》や斎戒《さいかい》など、水をかぶる行為を「きよめ」としている。また、死霊を洗う洗霊も世界的に多くみられる。韓国の祭りでは沐浴斎戒をすることが重視され、死者（骨）を洗って葬式を行う。

シャーマン儀礼の冒頭で行われる祭事は「不浄クッ」で、これは水で浄める儀礼である。韓国ではこうした浄め以外にも、政治的な浄めを求める運動が常に起きており、「浄化運動」「積弊清算」などが続いている。

「洗う」という意味の「洗礼」という言葉は、非常に深い意味を持つ。中国訳をそのまま日本に輸入したもので、「洗礼」に「バプテスマ」とルビをふることもある。

この世は「不浄」である。伝統的に死は黒不浄、出産は赤不浄といわれ、特に死は強い「死《し》穢《え》」とされ、近い親族以外は触れることがない。シャーマニズムには不浄を洗い清める儀礼があり、人生は汚いものであるとし、死後にそれを清めてあの世に送る。水には汚れを洗い流すという宗教的な意味があり、キリスト教の洗礼をはじめとして水は宗教的儀礼に用いられている。

水はきれいに洗い流すという浄化の意味を持つと同時に、水によって生き返るという再生の意味も持つ。村祭りを行う祭官を選出する際、不浄がない「清い人」であることが一番の条件となる。「清い人」とは喪や出産、殺生などと関係がないということで、家族の中に病人や月経中の人がいてはならない。したがって「清い」というのは単に物理的なことを意味するのではなく、より広く宗教的な意味を持つ。出産は神聖なことであるが、出血などが伴うため否定的な要素もある。殺生のように命を殺す行為については非倫理的に捉え、病気や月経なども不浄で汚いものと考えられている。

不浄は火と水で清める。火や水は化学的・物理的に汚いものを取り除くことができるが、ここには宗教的な意味もある。白紙を燃やす「焼き紙」には悪鬼を追い払う意味があると同時に、神の徳を祈るという意味もある。白紙を燃やすとは物質をそれまでとは異なる次元に変えるということであり、これは見えない神の世界を象徴している。焼き紙は中国や沖縄では主に墓参りや祭祀の時に行う。焼き紙は完全燃焼するのがよいとされており、これには吉兆という宗教的意味がある。線香はこれとは異なり、完全燃焼ではなくできるだけ煙を出すことで香りを高め、火よりも香りを重視している。

日本の民俗学では「ケ」「ケガレ」「ハレ」という区別をしている。葬儀は不浄であり「ケガレ」と言われる。人の死を「ケガレ」とし、それに接すると「ケガレ」が身に付くとされている。そのため、自宅に入る前にお清め塩を身体に振りかける。「ケガレ」の反対語、つまり清浄な状態を「ケ」または「ハレ」という。晴れ着、晴れの日(名節、結婚式など)が「ハレ」で、普段は「ケ」である。これについてはエドマンド・リーチなど、イギリスの社会人類学者たちの研究から示唆を受け、日本でも研究されるようになった。

伝統的に死と出産は黒不浄・赤不浄といわれ、死に関わる職業に従事する者は社会的な不浄人として差別されてきた。映画『おくりびと』(滝田洋二郎監督、二〇〇八年)の主人公は転職して納棺師となる。ここでは死を丁寧に取り扱い、生と愛を反映させている。私は妻の父母が亡くなった時、秋田での納棺や葬式に参列し、そこで観察することができた。『お葬式』（伊丹十三監督、一九八四年）も印象的な作品である。

私は今もなお、本当のクリスチャンになることは難しいと思っている。なぜならマックス・ヴェーバーや矢内原忠雄などが言うところのキリスト教の倫理に基づいた言動には及ばず、かなり世俗的な自分を発見するからである。

故郷の人々は口々に、母の篤い信仰によって子供（私）がよく成長したと言い、私も母の真心をよく知っている。私の家は巫女と強い信仰上の関係にあり、母は巫女に頼んでクッ（儀礼）を行った。父はシャーマニズム信者ではなく、あくまで費用を出すスポンサー的な立場であったが、父が世を去った時、母は巫女たちに依頼して父の死霊祭を行った。

キリスト教は普遍的な世界宗教であるが、地域によってはそこに住む民族を中心として土着化している。韓国のキリスト教がシャーマニズムと混在しているのもその一例である。日本人はこれを見て新宗教のように感じるかもしれない。

私はシャーマニズムを研究しながらクリスチャンであるということに矛盾を感じることもあったが、それは今では全く問題ではないと思っている。多くのクリスチャンはシャーマニズムを迷信と見なしており、キリスト教にシャーマニズムが潜んでいることに気づいていない。

†シャーマンたちと我が家

朝鮮戦争以前の三八度線は、現在のような危険な境界線ではなかった。人の往来はさほど多くはなかったが、比較的自由に行き来できていた。私の親族が還暦を迎えた時、約二〇人が三八度線を越えて全谷《ジョンコク》を訪れ、還暦祝いが行われた。私の父は牛の売買をするため、三八度線を往来して元山まで歩き、牛を連れて帰ってくる。父は家を離れて生活することが多く、家にはたまに立ち寄る程度だった。父が久しぶりに帰宅した時には客が押しかけてきたりして、家族だけで時間を過ごすことはほとんどなかった。父は仕事の合間にしばしば『三国志』などの古代小説を音読していた。

父は三八度線を往来しながら、時には牛を十数頭家に連れてきて甥たちに世話をさせ、よそへ売るなどしていた。いつも多忙な父であったが、誰かが相談に来るといつでも親切に対応し、時には外で見聞きしたことを面白おかしく話すこともあった。家の畑のほとんどは母が作業をし、近くに住む親戚の助けを得て稲作をしていた。父は親戚たちが困った時、経済的な援助を惜しまなかった。

我が家には臼の手入れをする人、日用品を売る人など行商人が周期的に立ち寄った。父は時折、琴を持ち歩いている流浪者を呼び、演奏を依頼した。ある時は寺の僧侶に頼んで「コサパン（念仏唱）」を唱えてもらい、それを聞いたこともある。胡弓を持ち歩く楽士も夜遅くまで演奏し、我が家に泊まっていくのが常であった。托鉢僧が村を訪ねてくると米一升に白紙を差し込んだものを庭に置いておき、念仏や回心曲《えしん》（心を改めるという意味の仏教音楽）を演じてもらった。また、時にはコムンゴ（琴）を布袋に包んでくる楽士もいた。父は歌舞や飲酒は一切せず、虚心に音楽を楽しんでおり、そのたびに村人たちが集まることを幼い私は誇らしく思っていた。

両親は「一人しかいない息子のために、財産をはたいてでも教育しなければならない」と言う一方で、「子供にどんなにお金をたくさん使っても、必ずしも立派になるわけではない」とも言っていた。また「苦労は買ってでもせよ」「財産は残したくない」とも言っていた。

父は子供の教育について常に深く考えており、シャーマン信仰がその助けになるということであれば出費を惜しまなかった。前述したように、私は学校で学ぶようになってから次第にシャーマニズムは迷信だと思うようになり、母の信仰にたいして批判的になった。中学に入ってから母とともにマンシン（巫女）の家に行ったこともあるが、彼女に挨拶のお辞儀をするのも厭《いと》わしかった。

父は母の巫俗信仰に全面的に賛成していたわけではないが、反対はせずスポンサーになっていた。母は、私が紺岳山のふもとの小さな村で生まれたため、その山霊によって授けられたと

シャーマニズム信仰の山に作られたキリスト教の祈禱所

信じており、「山を祀る」と言っては紺岳山に行き、クッを行ってもらっていた。三年に一度、春に供物を運んでくれる人とともに紺岳山に行き、儀礼を行うのが我が家の大きな行事であった。幼い私も母親とともに山に登ってクッを見物し、とても楽しかったことをよく覚えている。

儀礼が終わるとシャーマンは、我が家で用意した稲俵や雑穀、餅、供え物などを馬車いっぱいに積んで帰っていった。「クッをした家」ということわざがあるように家には何も残らないが、母は「五日市」(定期的に開かれる市場)で商売すれば儀礼で使ったお金はすぐに取り戻せると信じていた。それほど母がクッから得る精神的な慰めは大きかったのであろう。

中学生になった私は恥ずかしいと思いながらも、母親に連れられて行きつけのシャーマンの家に出

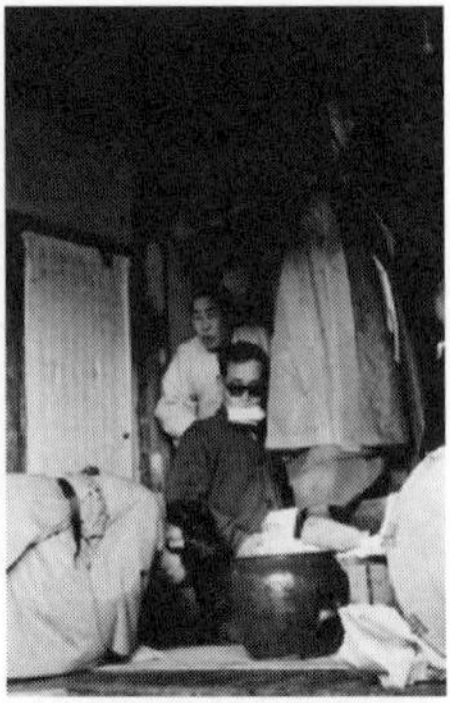

母の死霊祭（1970年）

入りしていた。私はシャーマニズムを迷信としながらも興味深い現象として関心を持っていたが、シャーマンは私の否定的な態度に気づき、不機嫌な顔をした。

我が家の行きつけのシャーマンであるクペミマンシンは朝鮮戦争（一九五〇～五三年）の時、息子が越北したということで楊州町内にある交番で尋問を受けて殴られ、さらには警察で拷問を受けて病気になった。彼女はこれが原因でクッが難しくなり、時にはおんぶされながらもクッをして生活をしていたが、やがてこの世を去った。楊州邑の彼女の行きつけの客は趙英子に引き継がれた。

†伝染病神を祀る儀礼

私は、一九四〇年代、国民学校の三、四年生の時に見たシャーマン儀礼のクッが忘れられず、後に集中的に調査を行った。これが最初に行った民俗学的な調査である。村の近くの峠を越えると市場があり、一九四八～四九年のある日、そこの富家《ふか》で大きなクッがあると聞き、友だちと見物に行った。その家は町内で唯一の瓦葺きで、下僕を置いて暮らすかなり裕福な家だった。その日は牛をからかう牛遊びの儀礼をするということで、幼い頃から楽しく見たシャーマン儀礼を思い出した。

シャーマンは中庭を行ったり来たりして歌を歌いつつ、時々置かれた稲俵を踏み台にした。夕方になってようやく牛遊びの演戯が始まった。牛の役割を担う人々が筵《むしろ》をかぶって登場し、踊る。その様子が非常に面白く、時間が経つのも忘れて見入り、夜遅くに帰宅して母にひどく叱られたことをよく覚えている。

その牛戯は牛痘・天然痘などといった伝染病の医学的な治療をタブー視し、神として祀る儀礼である。種痘が入る前、天然痘は恐ろしい伝染病であり、この病気を恐れて宗教的、信仰的には「ママ（天然痘の敬称）」、外から来たという意味では「お客さん」として迎え、祀っていた（金斗種《キムドゾン》『朝鮮医学史』によれば、池錫永《ジンクヨン》氏が日本から種痘法を学び、韓国に移入したという）。

この伝染病については一三日目に神を送る儀礼を行い、旅立ちの日には萩で馬を作ってたくさんの食べ物を積むという拝送儀礼を行った。私は李杜鉉先生の指導の下で天然痘疫神を祀る儀礼の分析を修士論文とした（「ソノリクッと巫歌――京畿道楊州地方を中心とした農耕儀礼の一考察」）。牛戯は後に重要民俗文化財に指定された（当時、私は担当文化財専門委員であった）。

私の修士論文は、天然痘の「別相神」を祀って送る「拝送クッ」に関するものであった。別相神は中国の江南から来るという路程記が口承されている。天然痘の潜伏期間は二週間で、発病して一三日で治癒する。近代医学により天然痘は今ではまったくなくなり、MERSやインフルエンザの治療・予防も可能となったが、現在は新型コロナの感染拡大が世界的に広がっている。

新型コロナウィルスの蔓延と並行してカミュの『ペスト』を読み、NHKの『一〇〇分de名著』を見た。新型コロナウィルスについての報道で使われている用語のほとんどはペストが流行した当時のもので、たとえば「終息」もそのひとつである。非常に衛生的で世界最長寿国である日本をはじめとして、世界の先進国といわれる国々も大変な試練に直面している。日本も何度か緊急事態宣言を出し、二〇二一年七月現在マスクの着用と手洗いは必須で、人間関係の断絶など多くの問題が出てきている。私は韓国で非常事態宣言や戒厳令を数多く体験しており、「伝染感染病」も数回体験しているため、「また来たか」と思ってしまう。

『ペスト』では伝染病が終息に向かい、患者の熱が下がり治っていく中、主人公の医師リウーの知人タルーが死んでいく。「病人はここで初めて血を吐き始めた。リンパ腺は腫脹がとどまっていた。それは相変わらずそのまま、雌螺旋のように固く関節のくぼみにねじ込まれていて……生気を失った一つの仮面に過ぎなかった」（カミュ『ペスト』新潮文庫、四二七―四二八頁）。ここでは「別離の感情」「愛」「希望」について語られており、より深い思索の言葉が湧き出てくる。「いや、いや、死ぬのはいやと叫ぶ声を僕は聞いたんです」。人々は「私も生きたい」と言いながら死んでいく。「不条理」との戦いから考えさせられることは非常に多い。

ある少年の死について主人公の医師リウーが悲しんでいると、パヌル神父は「祝礼」する。ここでは死に対する対照的な態度が描かれているが、死をどう受けとめるべきか。ここでは死との戦い、人生について触れており、「人々の成熟を期待する」という言葉が耳に残る。私は戦争や伝染病などで多くの人の死を見てきた。人間は病気や経済的な事情で死んでいくが、それを乗り越えて人間性、人類愛をどう持つべきなのか。『ペスト』に出てくるパヌル神父は「罰される監獄」のような家が砦で、「門の外があの世である」と言う。監獄の独房のような家の中が安全で、死に至る危険がある外は脅威の場であり、陰鬱な戦いが続いている。神は人に幸福と苦難を与えた（『ペスト』、一四一頁）。人間は愛だけでは悟らず、苦痛と罰が必要である。

私が生まれた農村は、子供の時には医療とまったく縁がなかった。私の上の兄姉九人が乳幼児期に死亡していることは、少なからず関連があるだろう。そこでは民間医療と民間信仰が主であり、特に伝染病は疫神によるものとされ、シャーマニズム儀礼を行っていた。最近、医師の倉光誠氏から朝鮮総督府の資料について話を聞いた。一九一〇年頃、日本統治時代に政府がコレラなどの予防医療をすることに対して、済州島の住民は「病気は神様の業であり、医学的な治療による祟りが恐い」と反対運動を起こしたということである。

私が一九六八年に発表した論文は天然痘の悪霊を送る儀礼に関するものである（崔吉城「拝送グッと牛遊びグッ（배송굿과 소놀이굿）」『韓国文化人類学』一号、一九六八年）。この調査によりシャーマン儀礼は我が故郷だけでなく、慶尚、全羅、済州など全国的に行われていることを確認した。予防ができるようになる前は恐ろしい病気であったママは、潜伏期間から終わるまで「一三日間」といわれていた。その悪霊の発祥は中国で、シャーマンの儀礼の巫歌に「大漢国から小漢国へ……」という歌詞がある。「大漢国」は中国で、良いことも悪いことも「小漢国」（朝鮮）に影響するという意味である。

一八七九年に池錫永《チソギヨン》により種痘法が日本から移入され、予防が可能となったが、治癒しても痘痕が残ることから我が村でも恐れられていた。悪霊ママの発祥地は中国とされており、新型コロナウィルスも中国から全世界に拡大している。「大漢国から、小漢国へ」という歌詞は現在にも当てはまる。

†『朝鮮巫俗の研究』

前述したように、私は秋葉隆教授の『朝鮮巫俗の研究』との出会いをきっかけとしてシャーマニズム研究を始めた。西洋の宣教師たちはキリスト教の宣教のために、日本政府は韓国を植民地化することを目的としてシャーマニズムに関する研究を積極的に行った。このような状況で秋葉は巫俗を研究した。その前は、朝鮮総督府の嘱託であった村山智順（一八九一―一九六六）の研究を挙げることができる。

秋葉はシャーマンを社会的な現象とし、「巫俗」と命名した。彼は植民地朝鮮で二〇年あまり人類学者、民族学者、教育者として生き、終戦を迎えた。東京帝国大学文学部選科（社会学専攻）で社会学を専攻し、家族を研究テーマとしていたが、なぜシャーマニズムの研究を始めたのか。

朝鮮にはすでに鳥居龍蔵、今村鞆《とも》、村山智順、李能和《りのうわ》などといった先駆者によるシャーマニズム研究の実績があった。秋葉はシャーマニズム研究の動機について、今村鞆から影響を受けたと語っている。私は秋葉の研究歴から、彼が東京大学の社会学科の先輩である村山智順の協力を得て研究を始めたことを実証した。詳しいことは別稿に譲りたい（「朝鮮総督府調査資料と民族学――村山智順と秋葉隆を中心に」山

楊州の巫女

路勝彦編著『日本の人類学――植民地主義、異文化研究、学術調査の歴史』関西学院大学出版会・二〇一一年)。

朝鮮総督府の嘱託であった村山智順は秋葉より七年ほど前に朝鮮に来て、シャーマニズム信仰の調査研究を行っていた。秋葉は村山と東京大学の同窓であった関係で親しくなり、自身の研究への協力を得たという。村山が調査活動をしている時、後から来た秋葉が研究調査を始めたため、時期的に一〇年ほど重なっている。村山が秋葉に与えた影響は大きく、調査においては情報を共有し、場合によっては連携していたと思われる。

村山は一九三〇年、全国の警察を通して朝鮮シャーマニズムに関する調査を行い、現地調査も数多く行った。その調査の途中で秋葉隆が加わっているため、学説的にも共通するところが多く、それぞれの独創性やオリジナリティーが判別しにくくなっている。

戦後、秋葉の研究をはじめとする植民地時代の資料を今後の韓国での研究に継承すべきかという議論がなされた。日本語を知らない戦後の若い世代はそれを読みもせずに「継承すべきではない」「参考にする価値がない」などと主張したが、多くの研究者はこれを継承し、自らの研究に役立てていた。彼の研究は現在に至るまで、多くの学者に影響を与えている。

†秋葉隆の朝鮮フィールドワーク

ここで、私がシャーマンの研究を行うようになった契機について説明しておきたい。

日本が朝鮮のシャーマニズムについて研究したのは、植民地政策の一環である。秋葉は初めて朝鮮に行った時、「日本人が朝鮮人の欠点だけを暴くのを目にするが、そうではなく、できるだけ公平な態度で、朝鮮の真の姿を極めて公正に見る必要がある」と述べた。だが、彼は主に朝鮮総督府と関係を持ち、講演会やラジオ放送などでは徐々に植民地主義的な発言が目立つようになった。

一九三七年の日中戦争勃発から大東亜戦争に至るまで彼は学問的な信念を持ち、良心の葛藤もあったと考えられるが、結局は植民地主義に染まっていった。日本の統治を正当化して朝鮮の独立に反対し、ラジオでは「人種学的に見て、日本と朝鮮の合併は世界の舞台に出しても遜色ない」と述べた。ここでは彼の学問と人生における葛藤が浮き彫りになっている。植民地で生きた多くの日本人もまた、これと同様の葛藤を抱えていたに違いない。

秋葉の未発表の原稿がフランスのパリで大量に発見され、二〇〇三年八月私はパリ大学のギレモズ教授（Alexandre Guillemoz）を訪ねて、それを見せてもらった。著書や随筆、講演会（原稿）などから、一九四〇年代に入ると彼が積極的に植民地主義的な発言をしていたことがわかる。一九四三年、『朝鮮』に寄稿したエッセーでは全羅南道の朝鮮人青年について書いている。

「君が征く南の海の島々に飛へり立つ日の御旗かな」「吾々はアジア解放のため、大東亜建設のために、同生共死を誓える」「朝鮮民族の人口は二千五百万を数え、日本人口一億の四分の一を占めるに至り、一視同仁の聖慮の下、新しき日本民族として、大東亜指導者の見習士官とでもいうべき、朝鮮史上空前の栄誉と重責とを与えられたのである」「朝鮮の信仰を立派にするのであり、国民精神の拡大深化をしてこそ内鮮一体が東亜協同体の中心となり、八紘一宇の理想実現の根本力となると思う」。秋葉の呼びかけにより、軍隊に志願した若者も多いといわれている。

ギレモズ教授

おそらく、秋葉は長きにわたる朝鮮での生活で朝鮮語を使うことはなかっただろう。私は秋葉の弟子で、同じく朝鮮で長く生活していた泉靖一を案内しながら、彼もまた朝鮮語がまったくできないことを確認した。日本統治下で朝鮮語は「外国語」ではなく日本語の一部と見なされ、日本語の「方言」であるという意識もあったため、公的には使われていなかったのだろう。
秋葉隆の手稿がギレモズ教授所蔵の文書の中から見つかり、そこには「見学日記」「備忘録」

という調査ノートも含まれる。彼の調査ノートには十数語の朝鮮語、英語、フランス語、図、記号、絵などが見られ、朝鮮語の固有名詞はハングル（諺文）で書かれている。固有名詞は「굿（巫儀）」「골매기（村神）」「갱과리（楽器）」「잣나무（松の実の木）」「뫼（墓）」、親族名称は「아버지（父）」「아저시（叔父）」「짐에어런（目上の方＊誤字）」「따임（娘）」などである。

シャーマンの巫歌は一般人には聞き取りにくいが、彼の著書には朝鮮語の巫歌が膨大に採録されている。これは研究について深い知識を持つ助手、あるいは研究者の協力を得て作成されたと推測され、秋葉とその協力者のどちらが作成したのかは不明である。

日本統治下の朝鮮では日本語が「国語」であったが一九三〇年代の時点で「国語」の普及率は低く、一九四二年でも二〇％弱であった。秋葉は「言語上の不便は勿論政治的、伝統的にも、その他種々なる方面で、いろいろの障害」があったと述べている。当時の言語政策を考えると朝鮮語が理解できないこと、植民地という政治的問題が障害になっていたと推測できる。

秋葉はまず、京城からそれほど遠くない楊州を調査地とし、家族制度やシャーマニズムをテーマとして現地調査を行った。その後、ソウル近郊から徐々に拡大していき、長期滞在式のフィールドワークは行わなかった。『朝鮮民俗誌』にみられる言葉によれば、調査の基本は「歩き」「滞在」「現地調査」「出講」「見学」である。

「私は昭和三年（一九二八）一月四日の雪霽の日、京畿道楊州郡、楊州邑内の李氏の家」
「私は昭和十八年三月、通称朴氏村と呼ばれる京畿道抱川郡蘇屹面直洞里の調査」
「前後三回の登山を試みた。昭和三年五月末、開城の観灯行事を見学して、昭和六年二月、雪を冒して長湍口から登山し、巫家の温突に一夜を明かして、裵女の賽神を見学すると共に、山の巫女達と相知って、冬の夜長を語り更かした。同年五月初め、山上の落葉に都堂祭」「主に古老たちへのインタビュー調査を行っていた」

京畿道抱川郡の南端にある蘇屹面《ソフウルミョン》の直洞《ディクトン》と呼ばれる山村は、私の生まれ故郷の地域である。

†キリスト教とシャーマニズムにおける「祈り」

私がキリスト教と出会い、最も戸惑ったのは祈りであった。私は子供の頃から母が自分のために祈るのを見聞きしていたが、自ら祈ることには非常に抵抗があった。教会では牧師や長老が大きな声で祈っており、キリスト教の祈りこそ迷信であるように感じた。韓国では教会で多くの女性が大声で泣きながら祈り、とりわけ夜明けに祈る声は近隣住民に迷惑をかけるとして、社会問題になったこともある。

金東里《キムドンリ》の小説『巫女図』はキリスト教とシャーマニズム信仰が接触する過程を描いており、

強く印象に残っている。この小説では西欧文明と韓国の土着文化の出会い、特に西欧的信仰と韓国の土着的信仰の出会いから生じた葛藤を描いている。主人公の家は古い瓦屋根で上には瓦キノコが青々と生えており、村人たちがこの家を訪ねることはない。主人公は人との縁が切れ、近くを通るのも厭われる鬼窟のようなところに住んでいた。主人公の毛火《モファ》はシャーマンで、その娘のナンイ、息子のウギと三人で暮らしている。ウギは毛火がシャーマンになる前、ある男との間にできた息子で、ナンイはある街角で海産物の商売をする男との間に生まれた娘である。

金東里はこの作品で、現実を土台として虚構を描き出しているが、キリスト教とシャーマニズムの出会いから生じた葛藤を見事に表現している。二つの宗教の出会いは戦いである。ここでは毛火とウギの信仰的特徴を照らし合わせ、キリスト教とシャーマニズムの出会いについて考えている。表面的にはシャーマンが負けているように見えるが、内実は勝利している。作家はシャーマニズムを伝統思想と見なし、キリスト教との接触による葛藤を象徴的に表現している。

『巫女図』（金東里著・1936年）

小説ではまず、シャーマンの母親とキリス

ト教信者の息子ウギが信仰的にぶつかる。シャーマンの毛火は、息子がキリスト教の唯一神に食前の祈りを捧げることに抵抗を感じる。これはクリスチャンとしては一般的な行為であるが、毛火はそのことを知らない。

シャーマンの毛火から見ると、食卓で祈るクリスチャンの息子は精神疾患の人のように見える。毛火にしてみれば、食べ物を前に必ず目を閉じて祈る息子の姿は受け入れがたい。「鬼よりもウギが恐ろしい」と書かれているように、毛火にとってそれは非常に奇妙であった。一方、息子は母の毛火が偶像を崇拝し、霊魂と交流していることを知り、治療すべきだと考える。息子は「天地万物を創造された神」を信仰し、聖書を読みながら祈る。母親は息子の祈りを呪文と見なし、「邪鬼が憑いた」「鬼神よ退け」と叫んだ。

シャーマニズムでは巫女自身が祈る場合もあるが、その場合は完全に神が降りた状態で、依頼者の立場を代行する時に限る。それが口頭で神に祈る時の祈願の形態で、巫女は祈禱や行動を代弁する立場で神になるのである。

「祈り」「祈禱」などは信仰行為であると同時に、過ちに対する許しを請う消極的な意味を持つ。毛火はウギの祈りを呪文と混同し、ウギもまた祈りを通じて母親の病気を治すことができると言う。母親は息子が邪鬼にとりつかれており、治療は呪術的儀礼を通じてのみ可能であると信じていた。逆に息子は、祈りを捧げることで母親と妹ナンイの病気を治療しなければならないと考えた。母子は激しく対立し、母親は呪術的な行為を続け、息子に冷水と塩を振りまいた。その時に火事となり、息子は火を消そうとした瞬間、母親の振りかざした刀で傷を負い、その後病気になって死ぬ。母親もその後弱り、クッもできなくなった。

†巫女を追って

私は一九七二年に日本に来てから、川端康成の『伊豆の踊子』を読んだ。二十数頁程度のとても短い小説だが、辞書を引きながら読み、映画よりも感動した。「軽蔑を含んだお婆さんの言葉」「土地の人は馬鹿騒ぎをするばかりで」「二人が夫婦であることをちっとも知らなかった」「生娘」「今夜が汚れるであろう」「寂さを感じた」などと、文章が詩のように綴られている。

一九六九〜七〇年に行ったムーダン（シャーマン）たちの現地調査のことを思い出した。『伊豆の踊り子』には、旅芸人について歩く学生の姿があり、私がムーダンについて廻りながら旅をしたことがダブって思い出された。私は朝鮮の文学者、李《イ》光洙《グァンス》の著作を通じて「土」「友情」「無情」などといったロマンティックな世界を知り、文学者を志した。この時のムーダンの調査は後の私の学問の基礎となった。

私は巫人たちに付いて回り、流浪生活を続けている間はほとんど家に立ち寄らず、外で生活

儀礼を終えて移動する巫たち

していた。村に入るとそこで一切の寝食が提供され、近くの宿屋や旅館に泊まらせてくれる。旅館や宿屋のない村では民泊させてくれて、その家で寝食が提供される場合もあれば、数軒に分かれて寝食を提供される場合もある。儀礼の多い季節には巫女たちが村から村へと移り住み、数カ月間にわたって流浪の旅をする。クッのメンバーは固定されておらず、集合と解散を繰り返しつつ流浪する。

村ではしばしば海上事故が起こる。彼らにとって海は征服できない危険な対象であるため、巫俗（シャーマニズム）信仰が極めて重要な意味を持つ。クッは豊穣を祈願するとともに海での危険防止と安全を願う、巫女たちの活動の場である。

チャング（太鼓）を前にして座っている男性は儀礼をしている巫女の夫で、夫婦が巫人として一単位になり、クッを行うことを初めて知った。彼らはたまに私を笑わせようとして冗談を言うが、その対話の一部分しか聞き取ることができなかった。やがて私はその言葉が隠語であることに気づく。彼らだけが使う特別な用語だったが、一つずつ収集していった。巫女たちは調和を図りつつ言葉を交わしていた。

巫人同士は隠語を使い、村人に直接悪い印象を与えないようにする。村人たちは巫女が気分を害するようなことは言わない。なぜなら巫女たちは、村のためにクッをしに来ているからである。小さな村で数日間クッが続くと巫女たちはそこに泊まり、ほぼすべての家で食事をするため、その家の家族と徐々に親しくなる。巫女たちはそこで話しているうちに村の経済的な事情や家庭の事情、性格などをより詳しく知るようになる。

村によっては寝るところを一カ所にし、食事は各家に分かれて食べることもある。これを「各家庭の飯」というが、このような場合、巫女たちはおかずについて文句を言うこともある。巫女たちは「各家庭の飯」を食べながら、村人たちの生活により身近に接することができる。江原道《カンウォンド》の沙川《サチョン》でクッがあった時、巫人十数人が集まり村の部落祭を執り行ったが、金の計算の関係で予定より遅く村を離れた。雨の降る深夜、私は巫女たちと一緒に村を出発した。と、その時に突然悲鳴が聞こえてきたため、巫女たちはそちらに駆け付けた。

巫女たちはやがて、申さんという巫女を連れてきた。ことの次第は次の通りである。この村の別神クッ（シャーマンによって行われる村祭り）を引き受けた金さんには妻と子どもがいたが、巫女の申さんと親しくなった。

クッは一般的には夫婦セットで行ない、夫がいない場合には父親が行なう。申さんは早くに夫を亡くしており、巫業では男巫の役割が大きいが数が足りないため、クッに一緒に参加していた金さんを自分のパートナーとして、他の所へ連れて行こうとした。金さんの妻と娘はこれに激高し、申さんを殴打した。申さんは頼りにしていた金さんを妻と娘に引き止められ、一人で村を離れなければならなかった。大半の巫女たちは申さんをとがめ、彼女は泣きながら深夜の道を歩いていった。

†芸能集団のような巫人たち

朝鮮半島南部には芸能集団のような巫人が存在するが、このことは一九六〇年代には、韓国の研究者にはまったく知られていなかった。東海岸に沿い、釜山から休戦ライン以南に及ぶ地域にはこれと同一の条件を持つ都市・村があり、釜山や江陵のような大都市・港がある。また浦項《ポハン》や厚浦《フポ》、墨湖《ムッホ》、三陟《サンチョク》などの大きな漁港に加えて小さな漁港もあり、伝統的な小漁村が数多く存在する。それらのほとんどは半漁である。

巫人たちはクッをするため海岸の村に数日間泊まるが、その場合、村で大きな部屋を二つほど借りて集団で泊まる。一つの部屋で寝る場合、中心に子供や老人夫婦が寝て、そのほかは男女で分かれ、間隔を大きく開ける。二つの部屋を借りる場合は男女が別々に寝て、それより多くの部屋を借りる場合は家族・夫婦の単位で寝る。

その時は部屋が一つだったため、私は若い娘たちから一番遠いところで寝ることになった。巫人同士で気が合い恋愛関係になる場合もあるが、村の中ではそうしたことは控えるように言われ、村人と巫女との交際を禁じている。巫女たちが儀礼のために村に入った時、村の青年たちが若い巫女に関心を持って近づくと老巫女が彼らを叱り、「巫女は芸者ではなく、村のために儀礼を尽くす人だ」と強調する。

基本的には夫婦単位で十数人が集まりクッが行われるが、たいていは五組の夫婦が参加する。巫女がクッを行う際、その夫が基本楽器であるチャングで伴奏する。この伴奏は「バラジ」といい、巫女がクッをうまく行なうために重要な役割を果たす。

巫女夫婦がひどい喧嘩をして、互いに話をせずに過ごしていても一緒にクッをしなければならない。村に到着するまで別々に行動していた夫婦が、クッの現場では妻は巫服を着て壇に立ち、夫は平然とチャングで伴奏した。村人たちの前ではどんなことがあっても、演劇のようにクッをやりこなさなければならない。クッが終わって巫儀の場から出る時、彼らは喧嘩のことなど忘れたかのように次のクッについて話し合っていた。

電車で巫人グループが移動している時、巫女の夫が席をはずしている間に男性の乗客が近づいてきて、巫女に話しかけたことがあった。するといきなり彼女が立ち上がり、大きく口笛を吹いて隠語で何か言うと、そこに居合わせた乗客は驚き、ナンパしようとした男も驚いて立ち去った。夫が帰ってくると巫女は何事もなかったかのように振る舞い、平然としていた。

旅館や民家に泊まる時は歌や踊りを楽しみ、主に大衆歌謡を歌い、それに合わせて踊ったりする。このような雰囲気の中でクッを稽古し、お互いに間違いを指摘したりする。時にはそこで喧嘩になることもある。ある日の食事中、巫女の父が儀礼の途中に笑ったとして娘をひどく叱った。その娘は泣きながら父に反抗し、そばで見守っていた母は「父はあなたたちが少しでも、お客さんの前でよい儀礼をすることを願っている」となだめた。彼らは旅する時も家にいる時もしばしば喧嘩や言い争いをしながら、自分たちの芸を磨くのである。

ある時、クッが終わりお金を計算する段階で夫婦間の意見が合わず、喧嘩になった。これは単なる夫婦喧嘩ではなく、巫女社会の原則についての考え方の違いによるもので、その儀礼に参加した巫女たちにとっても切実な問題であった。儀礼が行われる場所までの交通費は、儀礼による収入から差し引くことを原則としている。家から巫儀の場に直接向かう場合は問題がないが、他村でクッをしてから直接次の巫儀の場に向かう場合が問題となっていた。

ある人は「近くから来ても他から来ても関係なく、原則に則って自宅からの距離を基準にし

クッの現場（慶尚北道箕城 1969）

て支払えばよい」というが、彼の妻は「近くの村から来たのであれば、その場所からの交通費を計算すべきだ」と反論した。住所を基準として計算すると原則が崩れ、二重支出になるという主張もあった。

妻は最後まで自分の主張を曲げなかった。彼女はたった一、二ウォンのためでなく、今後のことを考えて確固たる基準をもうけるために主張した。夫の声は次第に大きくなり、妻の声も夫に負けず高くなった。妻は温突《オンドル》の床をたたきながら夫に対抗したが、結局は分配権を握っていた夫の判断で分配された。妻は最後まで泣きながら抵抗した。

巫女たちは老若男女を問わず、自分の意見を率直に述べる。彼らは夫婦有別《ゆうべつ》、長幼有別などといった形式的な道徳にほとんど左右されず、自由な生活原理に基づいて言動をする。

第２章

シャーマニズムの研究へ

クッの様子（1969年）

†世襲巫に出会う

私は研究を始めた当初、ソウルを中心とする降神巫（巫病の人が儀式を経てなるムーダン）がシャーマニズムのすべてだと思っていたが、村山智順、秋葉隆の巫俗研究から朝鮮半島南部の世襲巫の存在を知り、直接現地調査を行った。それまで、タンゴル（世襲巫）は被差別集団であった。李朝時代に八賤という賤民階級が存在したが、それが依然として存在することに私は驚き、巫俗と被差別についての研究を同時に進めていくきっかけとなった。私はインドのカースト制や中国の身分制度、アメリカなどの黒人差別、在日朝鮮人の問題などと比較することにした（崔吉城『韓国のシャーマニズム──社会人類学的研究』弘文堂・一九八四年、李光奎・崔吉城『差別を生きる在日朝鮮人』第一書房・二〇〇六年を参照）。

ここで、韓国の差別構造に若干触れておく。李朝時代、巫堂（シャーマン）は八種の卑賤民の一種であり、被差別集団であった。巫堂は世襲によりシャーマニズムの儀礼や舞踊などを伝授し、タンゴルは世襲制によって身分や儀礼を伝承し、維持してきた。これらはある戸籍では「巫」と記されていた。タンゴル（巫）と信者の関係は日本の寺における檀家制度に当たる。

長興《チャンフン》のタンゴル巫のリスト（八八頁）と、海南の巫であった朴得春《パクトクチュン》の名前が『朝鮮の巫覡』に記されている。私は『朝鮮の巫覡』に全羅道地方の巫の実名が掲載されていることに注目し、これにより初めて被差別集団の人々と出会った。彼らの家を訪ね、意見を求めたが断られることが多く、あるタンゴルは自ら応対しているにもかかわらず「不在だ」と言った。そんな中、長興の鄭《ジョン》氏は「自分は差別を肯定的に受け入れている」と打ち明けてくれた。彼は農業を兼業し、息子を国立大学に通わせている。彼の協力を得て巫俗と被差別の状況を知ることができた。村山は全羅南道《チョルラナムド》のタンゴルについて詳しく述べている。彼は日本の檀家制、仏教寺院を中心とした信仰組織を参照し、信者組織の起源を文献から考察した。全羅南道・長興地域のタンゴル版（一九三〇年一一月調査）についての調査報告によると、長興郡大徳面《デエドクミョン》の一四の部落にはタンゴル家が六つある。

　村山の調査研究の中でも、タンゴルについての考察には最大の独創性があるように思われる。村山は「成巫《せいふ》」は先祖代々親から伝授される世襲巫であるとし、霊感巫、世襲巫、経済巫は「入巫」、「霊感」は「成巫」「降神」に置き換えた。ここでは世襲巫が社会的構造に組み込まれており、私も既存の巫歌中心の研究から社会的な視点による研究へと方向転換することにした。

　朝鮮半島南部のタンゴルは宗教的には司祭（priest）の機能を持つ。私はこれとソウル以北地方の降神巫とを区別し、前者にはタンゴルという用語を使用することにした。秋葉隆は村山智順の入巫の霊感巫、世襲巫、経済巫という三分類を受けて「降神的入巫、世襲的入巫、経済的入巫」と分類した。

全羅道のクッ（1969 年）

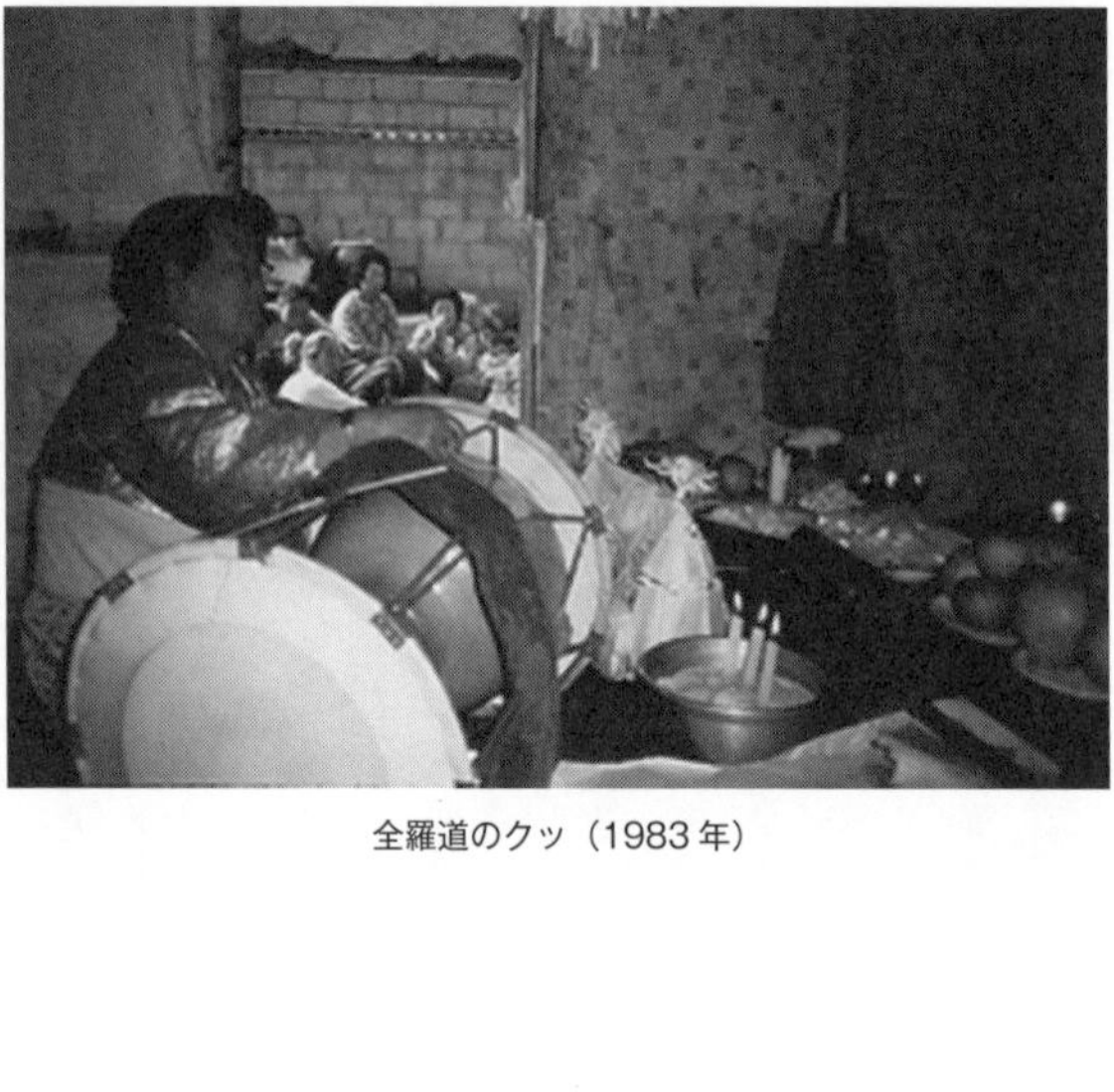

全羅道のクッ（1983 年）

特に私が焦点を当てたのは村山・秋葉の全羅南道の世襲巫についての現地調査資料で、彼らは巫団、タンゴル制度に関してほぼ共通の認識を持っていた。私はまずタンゴルの分布、タンゴル同士の内婚による巫業ネットワークのつながりについて調査し、さらには被差別集団としての身分の世襲と婚姻による巫業圏・信者組織の拡大などについて調べた。

村山は全羅南道のタンゴル制についていくつかの例を挙げ、詳しく述べている。これは巫女と信者との間に結ばれた信仰組織・宗教団体である。彼は仏教寺院の檀家組織からヒントを得て、タンゴル制度に注目した。村山はその重要性について次のように述べている。

現在、巫団制度は朝鮮半島南部、特に全羅南北両道一円および忠清南北道、慶尚南道の一部に存在している。これは朝鮮半島全体にわたって普及していた制度であったのかは不明であるが、朝鮮における巫の需要性を示すものとして極めて興味深い。(村山智順『朝鮮の巫覡』朝鮮総督府・一九三二年、四七九頁)

調査の結果、巫人を中心に結成された一種の宗教組織、すなわちシャーマンと村の檀家制度のようなものがあった。村山は一九三〇年一一月、全羅南道の世襲巫のタンゴル組織について現地調査をし、朝鮮半島南部に多く存在する世襲巫に注目した。世襲巫とは先祖代々巫業を受け継ぎ、子孫も巫業者になる者を指す。彼らは個人的に学習し、特定の過程を経て巫女になる。村山は成巫のための機関である「神庁」「卜庁」「学習庁」ついても現地調査を行っており、全羅南道の巫人・タンゴルについても詳しく述べている(一九三〇年一一月調査)。

村山は南部地方、特に全羅南北道一帯及び忠清南北道、慶尚南道の一部に存在する巫団制度が全国的に普及していたかどうかは不明であるものの、極めて興味深いものであるとした。彼はおそらく日本の檀家制度を参考にしてシャーマンの社会的性格を明らかにしようとし、文献から信者組織の起源を考察したのだろう。これは私にとって非常に価値のある記録である。

私は数回の現地調査により巫人の血統を確認し、村山智順の記録、および朝鮮総督府の調査資料は信用に値すると確信した。

私は朝鮮総督府の調査資料を検討していく中で、村山と秋葉の研究態度の違いに気づいた。村山は誠実に引用したことを明らかにしているが、秋葉は引用を明確にしない傾向がある。これはそれぞれの人間性のみならず、学問の客観性という問題にも通じる。村山は文献研究や新聞記事などを資料化し、社会学的なアンケート調査もした。大学で社会学を専攻した彼は、統計調査にも強い関心を寄せていたのだろう。

村山がタンゴルという一種の宗教組織について、信者との関係やシャーマンの需要などと関連付けているのに対し、秋葉は神庁を中心とした巫団、団体活動の秘密結社と見なしている。

村山の学問上のオリジナリティーは、シャーマンの社会的性格を明らかにしようとした点にある（村山の著書と秋葉の論文はほぼ同時期に執筆・発表されたが、前者のほうがよりオリジナリティーがあると私は考えている。秋葉隆「朝鮮の巫団」〔『社会会』五集、一九三二年〕を参照）。

私は従来の国文学者たちの巫歌中心の研究から大きく転換し、タンゴルという世襲巫について文化人類学・社会人類学的な手法で調査を行っている。植民地時代のシャーマン研究は主に社会学者たちによってなされたため、シャーマニズムと命名された。よって私の研究はおのずと、日本人社会学者の膨大な研究に遡ることになる。

†シャーマンという職業

私は一九六九年七月、慶尚北道と南道で活躍する有名な世襲シャーマンである金氏家を訪ねた。前もって連絡せずに訪ねたが、夫婦はちょうど在宅していた。私が調査の目的について話し、寄稿した論文が掲載された雑誌を見せながら「巫歌を聞いてみたい」と頼むと、金氏（当時四九歳）の伴奏で妻の金ユソン氏（当時三九歳）が歌った。金氏は四代続く世襲巫で、娘たちもシャーマンであるという。

世襲巫は一般人とは結婚しない。両親のいずれかがシャーマンである場合、子どもたちはみなシャーマンになる。突然変異の可能性があるが、シャーマンの世襲にそれは影響しない。シャーマンの世襲は生物学的な法則よりもむしろ、社会学的な法則によって行われる。

シャーマンは、巫という身分と職業の資格を持って生まれる。もちろん資格を持つだけでは不十分で、学習を通じて能力を取得する。ある一定の能力に達していない者もいれば、非常に優れた者もいる。こうした意味で、シャーマンは「学習巫」であると言える。

シャーマンは巫歌の歌辞と仏経の経文などを覚え、歌や踊りは主に現場で覚える。あるいは家族やシャーマンが集まった際に歌や踊りを披露し、評価を聞きながら矯正していく。シャーマンは数多くの歌詞を暗記し（そのため「辞説《ジセツ》」とも呼ばれる）、歌を上手に歌わなければならない。さらには観衆を笑わせ、泣かせる演技をし、踊りも巧みでなければならない。若いシャーマンは歌と踊りを習得した後、徐々に儀礼などを習い、演技も身につけていく。

男巫はクッの責任者になれるよう努力し、巫女が立ってクッをする時に巧みに伴奏をしながら、儀礼をよりよい方向へ導かなければならない。また、巫儀は基本的には夫婦で行なうので妻を指導するために巫歌や踊り、儀礼の語りなどについての知識を持ち、クッの途中でさまざまな指示を出せるようにしておかねばならない。こういった技術は親を通じて身につける。

シャーマンになるには子として生まれるほかに、結婚するという方法もあるが、ただ結婚するだけではなれない。たとえば、巫女が一般男性と内縁関係になったとしても、その相手が必ず巫になれるわけではない。シャーマンに付いて習い、技術を身に付けることが求められる。

シャーマンという職業は一般の人も技術を習得すればその道を選ぶことができるが、例外的である。たとえば金海《キメ》のある男は降神巫であったが、世襲巫に付いて回りながらクッを学び、女装してクッができると噂されていた。彼は巫家とはまったく無縁であったが、クッを学んでシャーマンになった。世襲巫人たちも彼のことをクッが上手なシャーマンとして認めている。彼の子供たちが父親の仕事を受け継ぎ、シャーマンになるかどうかはわからないが、以前は親がシャーマンであることが社会的に知られていると、子供たちが他の職業を選ぶことは難しかった。

タンゴル巫を中心にしたタンゴル版という信仰組織は、とりわけクッを支援する社会的組織のようなものである。タンゴル巫は巫儀を伝承する世襲によって維持されてきたが、その社会構造についての研究はほとんど行われていない。賤民の身分から人間文化財、名唱などといった高い身分にまでのぼりつめたのは彼ら自身の闘争の成果ではなく、後に述べるようにあくまで民族主義による。

南部地方のシャーマニズムは、降神巫とは系統が異なる世襲巫として高い音楽的・文学的価値を持つ。これは深い信仰と世襲によって伝授された表現様式であり、私はかねてからこの世襲巫に関心を寄せていた。彼らの多くは巫歌で「恨」という感情を表出する。たとえば私たちはパンソリを聴くと、芸術の根本にある「恨」の表出に感動する。現地で調査を進めていく中で、現場で歌や踊りを体験することの重要性を痛感した。現場体験のない研究はあまりにも空虚である。

†被差別集団から人間文化財へ

一九六〇年代末に朝鮮半島の東海岸に点在する村々を歩き、「巫堂《ムーダン》」といわれ活躍する世襲巫を調べた。ムーダンは被差別集団であり、身分を明かすことはタブーとされていた。私はその時「賤民」という言葉について、集団のリーダーであった故・金石出氏と議論した。金氏は両班《ヤンバン》出身であると主張し、被差別集団の一員であることを否定した。しかし、私と同席していた友人の評論家・李相日《イサンイル》氏が明らかにすべきではないかと提案すると、彼は「賤民の三代続くムーダン」であることを宣言し、これはメディアでも大きく報道された。

当時、彼らの存在は学会にはまったく知られていなかった。私は世襲巫の人々と一緒に海岸の村を回り、テレビや新聞などで紹介した。この調査はほぼ二年間続いた。調査中、朴正煕政権のセマウル運動（地域開発運動）が強化されて迷信打破政策が激化し、村祭りが中止されたこともあった。私が日本へ留学することになり、彼らに別れを告げると、彼らは「これから自分たちは打破され、なくなるかもしれない」と言った。私はその資料を携え、一九七二年の暮れに日本に向かった。

金石出氏

私は一九七七年に韓国に帰国したが、迷信打破で巫俗がなくなるという心配は杞憂に終わった。その間、韓国では民族主義が高まり、巫俗は固有文化として注目され文化財として位置づけられていた。金氏は被差別のサンノム（賤民）であると打ち明けていたが、いつの間にか両班のように昇進して「先生」と呼ばれるようになり、子供たちも「ムーダンになりたい」と堂々と言えるようになっていた。

金氏は「先生」と呼ばれ、人間文化財と称され亡くなったが、彼と私は生涯を通して変わらずインフォーマントと調査者として良好な関係を保った。シャーマニズムを研究する学会も多くなり、博士号を持つシャーマンもいる。ムーダンたちは被差別集団であったが今では人間文化財とされ、韓国では伝統的な差別は完全になくなったと言える。

賤民の身分から人間文化財や名唱などといった高い身分に上昇する社会構造は彼ら自身の闘争によってつくられたのではなく、伝統的な固有文化に対する社会的認識の変化による。韓国におけるナショナリズムが強まる中で伝統文化が注目され、シャーマニズムは固有文化として称揚されるようになった。

私が韓国を離れている間に、社会の価値観が大きく変化していることに非常に戸惑った。金氏は人間文化財となって八二歳の生涯を閉じ、メディアは彼の死を大きく報じた。私は釜山近郊で行われた金氏の死霊祭に参加した。死霊祭には報道関係者、研究者、伝授者など約一〇〇人が参加し、私が一人で付いて歩いた一九六〇年とは隔世の感があった。調査当時、世襲巫は四十数名いたが、すでに十数名が死亡している。クッには常に多くのカメラマンが付いて歩くようになったが、私はシャーマンたちの老いを目の当たりにして寂しさを感じた。

私は一九六〇年代以降、金氏から譲り受けたシャーマンの鼓、鈴、太鼓、鉦、鐘、巫神図、符籍、占い書、録音テープ、フィルムなど数十点を韓国国立国楽院に寄贈した。その中には金氏が四代にわたって使用してきたものもあり、自室に飾っていたものである。

調査の過程で録音・録画したテープも梱包され、運び出されていくのを目の当たりにして、自分の身体の一部を切られるような痛みと虚しさを感じたが、それと同時に公的に国家が管理することへの安堵感もあった。

†差別を生きる

ひと昔前の韓国では、巫人は行いが悪く下品であると思われていたが、実際はそうではない。

彼らは、タバコやお酒は村人とのコミュニケーションを円滑にするために必要なものと考え、適度に付き合っていた。たとえば、酒を正しく習ったという男巫は幼い頃から親や親戚とともにクッに付いて回りながら酒を飲み始めた。「お酒は大人の前で学べ」という韓国のことわざ通り、彼は大人から習ったため、適度に飲んで楽しむことができるようになったという。

伝統的な社会では巫人が職業を変えることはほぼ不可能であったが、最近ではそれが比較的容易となり、男巫の数は徐々に減少している。彼らの中には故郷から遠く離れた名門大学に入学する者もいるが、やがて学友たちに巫女の息子であることを知られてからかわれるようになり、大学を中退してしまうケースもある。また、小学校の教師になった女性は生徒たちに巫女の娘と知られて後ろ指をさされ、ついにはその学校を辞めてしまったという。

巫女には巫同士で結婚しなければならないという厳しい決まりがあるため、普通は一般人とは結婚しない。巫女が一般男性と結婚して子供を産めば、その子どもは母親の身分を世襲するため卑賤民となる。中には巫女という身分から逃れるために一般人と結婚したり、職業を変えたりする者もいる。

J氏は巫女の息子として生まれたが、他の子供たちと同様に中学まで出て軍に入隊した。除隊して村に戻ってからは地元で写真館を開業したが、商売はうまくいかず体調も崩した。これは巫女の息子として巫業に励まなかったことが原因であるとされ、彼は巫人の仕事を始めることを決心した。彼はその時、巫女の子として生まれた者は宿命的に巫業に従事しなければならないことを悟ったという。

彼は結婚を考えていたが、一般女性と結婚しても社会的な差別が災いし、結婚は失敗すると固く信じられていた。一般人をパートナーとしてうまくいく例がないわけではないが、彼らのほとんどは内縁関係で非常に不安定である。巫女たちは、一般男性と結婚することは一種の賭けであると考えている。

既婚の巫女はクッをする時、頭に白い鉢巻を巻く。これは内縁関係を含め、彼女らが結婚していることを意味している。離婚していても鉢巻をするため、必ずしも夫がいることを意味するわけではない。巫女社会における結婚は通過儀礼であるのみならず、巫女としての入門でもあり、巫女は結婚することで成熟した巫女となる。

巫女は一般人との結婚について悲観的で、「登れない木は見上げるな」として巫人同士で結婚し、一般人との結婚を避ける傾向が少なくない。巫人同士で結婚することには巫業を独占するという意味もある。

彼らは集団内での結婚により一体感を強め、血縁意識により結束する。彼らは一般社会人と区別し、自分たちを「同貫《どんかん》」と呼ぶ。巫人たちは巫業を天職として世襲し、そこには一種の自

1970年代の東海岸の巫儀

負心も見え隠れする。幼い頃から親に巫業を教わる巫女は職業的に重要な役割を担う。男巫は女巫を導き、巫業を拡大・運営するうえで重要な役割を果たす。

一般的に男性は行動範囲が広いが、巫女は旅が多く、広い見聞と常識を持っており自分の意見をはっきり言う。巫儀は収入に大きく影響するため、常日頃から十分な練習をしておかねばならない。夫が妻に「クッが下手だ」と言ったことをきっかけに夫婦喧嘩が起き、険悪な雰囲気になることもあるが、クッの中で調和することができれば彼らはすぐに仲直りする。

†村山智順と秋葉隆

タンゴルを調査した村山は一八九一年生まれで、一九一九年七月、二八歳の時に東京帝国大学文学部哲学科（社会学専修）を卒業し、その年に朝鮮総督府の嘱託として朝鮮に赴任した。彼が朝鮮に滞在した期間は一九一九〜四一年の約二〇年で、帰国後は実家である新潟・妙広寺の住職となり、一九六八年に七七歳で世を去った。

彼は植民地のセンターとも言われる朝鮮総督府の嘱託・係長として警察署のネットワークを利用し、各級官公署の役人、小学校の教員を通して質問紙による調査を行った。さらには古文献、新聞記事から資料を収集し、直接現地を調査した。民俗調査と文献資料とともに現地調査も数多く行っており、一時的ではあったものの雑誌『朝鮮』の編集者となり、「南京の陥落を祝福し」と「編輯後記」に記している（一九三八年一月号）。

戦後、韓国の若い研究者たちは主に警察が収集した植民地資料には価値がないとし、これをほぼ無視していた。彼らは日本語ができない世代であり、朝鮮総督府の調査資料を読めなかったことに加え、植民地と警察が悪い印象を与えていたことも大きい。また、村山智順は植民地主義者と見なされており、彼の現地調査資料や理論はほとんど検討されなかった。

村山の資料は警察に依頼したものだけでなく、彼自身によるものも多い。それ以外では『京城日報』、歴史的文献資料、李能和、赤松智城、秋葉隆、金東弼などによる現地調査が基礎となっている。当時の警察は末端の行政機関としてネットワークと情報を持っており、それによる調査研究資料は学術的に高く評価すべきであろう。私は前述したように、村山が一九三〇年に警察を通して調査を行い、一九三二年に刊行した『朝鮮の巫覡』を翻訳した（民俗苑・二〇一四年）。

『朝鮮の巫覡』

本書により、次のようなことが明らかになった。朝鮮半島のシャーマニズムは南と北で異なり、巫業者に対して「巫堂」（무당 ムーダン）という名称が使われることが最も多い。経済的に豊かな地域には

巫業者が多く、私の故郷である楊州や全南も同様である。南部地方では主に巫女をタンゴルと呼ぶ。

村山は全羅南道の世襲巫、タンゴルの組織について現地調査を行った。タンゴルは朝鮮半島南部に多く存在する世襲巫で、そこでは巫女の子供が修練を積んで巫となる。彼は全羅南道のタンゴル制の例をいくつか挙げ、詳しく述べている。タンゴル制は巫女と信者の間に結ばれる関係および信仰団体で、残された記録から、こうした制度は上古から存在していたことがわかる。

すでに述べたように『朝鮮の巫覡』には全羅南道長興郡、大徳面の一四部落には六つのタンゴル家があることが記されている。私は長興のタンゴルの実名が記されたリストをもとに、巫夫・金永順の息子の巫家を中心として、当時のことについて現地で聞き取り調査を行った。リストは次の通りである。

新月里　節家（巫夫　節卜同　三七歳、巫女［右母］李看村　六一歳）賤民
分土里　鄭家（巫夫　鄭江同　三六歳、巫女［右妻］金丁礼　三八歳）賤民
都庁里　朴家（巫夫　朴章玉　四五歳、巫女［右妻］車北女　四二歳）賤民
会鎮里　朴家（巫夫　朴成淑　三一歳、巫女［右妻］孔愛順　五〇歳）賤民

同　鄭家（巫夫　鄭基洙　四九歳、巫女［右妻］崔乽錦　四九歳）賤民
逢亭里　趙家（巫夫　趙明学　五一歳）賤民

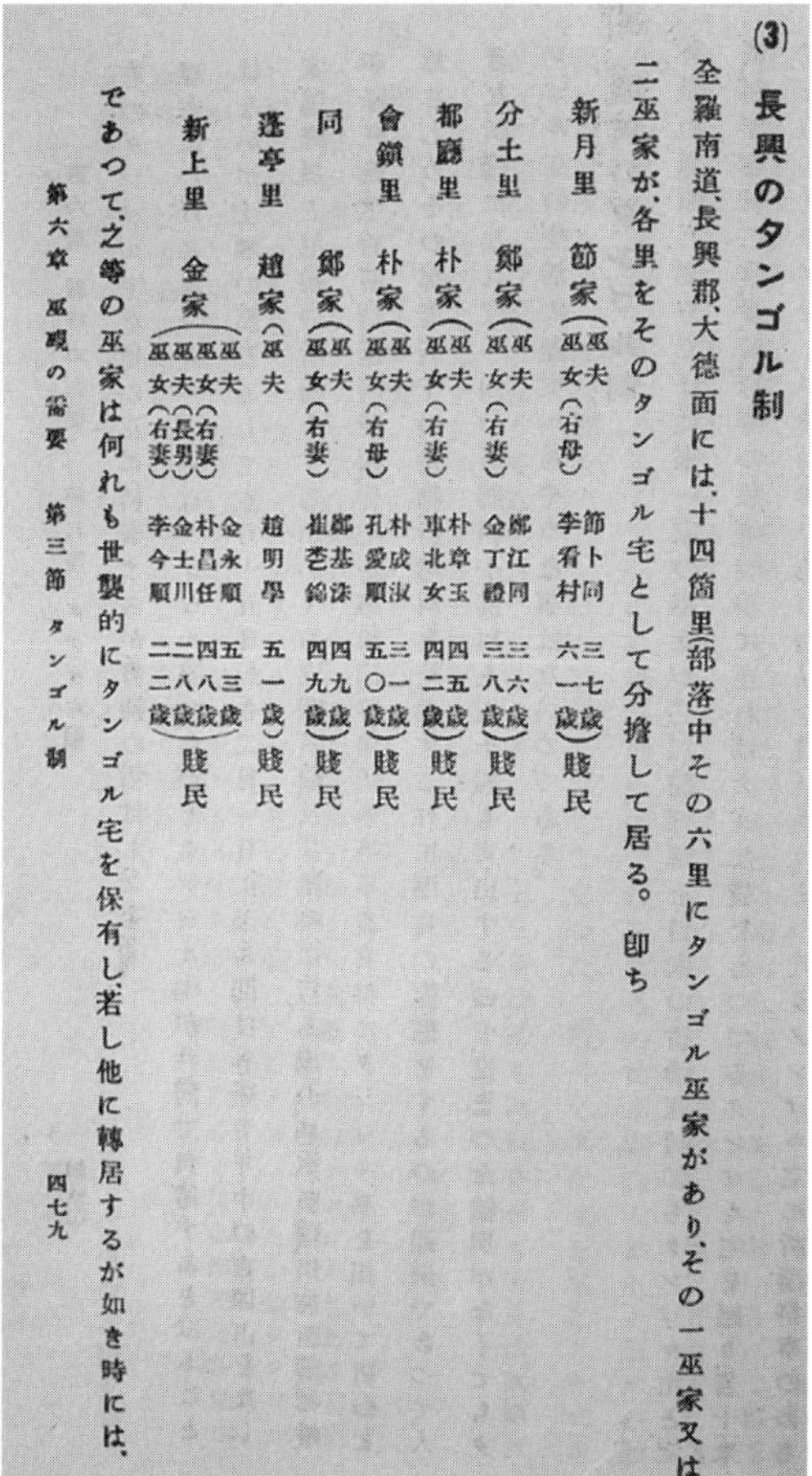

(3) 長興のタンゴル制

全羅南道、長興郡、大徳面には、十四箇里（部落）中その六里にタンゴル巫家があり、その一巫家又は二巫家が、各里をそのタンゴル宅として分擔して居る。即ち

新月里　節家（巫夫　節卜同　三七歳、巫女（右母）李看村　六一歳）賤民
分土里　鄭家（巫夫　鄭江同　三六歳、巫女（右妻）金丁禮　三八歳）賤民
都廳里　朴家（巫夫　朴章玉　四五歳、巫女（右妻）車北女　四二歳）賤民
會鎭里　朴家（巫夫　朴成汲　三一歳、巫女（右母）孔愛順　五〇歳）賤民
同　鄭家（巫夫　鄭基洙　四九歳、巫女（右妻）崔乽錦　四九歳）賤民
逢亭里　趙家（巫夫　趙明學　五一歳）賤民
新上里　金家（巫夫　金永順　五三歳、巫女（右妻）朴昌任　四八歳、巫夫（長男）金士川　二八歳、巫女（右妻）李今順　二二歳）賤民

であつて、之等の巫家は何れも世襲的にタンゴル宅を保有し、若し他に轉居するが如き時には、

第六章　巫覡の需要　第三節　タンゴル制　四七九

資料　長興のタンゴル制（一九三〇年一一月調査）

金永順の後妻（金鐘基の母）と著者（1982年）

新上里　金家（巫夫　金永順　五三歳、巫女［右妻］
　朴昌任　四八歳）
　長男（巫夫　金士川　二八歳、巫女［右妻］
　李今順　二二歳）賤民

村山より七年ほど後に朝鮮の京城帝国大学に来た秋葉隆は、朝鮮巫俗の研究を始めた。彼は朝鮮人協力者の金東弼らから情報を得て、儀礼の見学、調査などを行ったようである。秋葉の巫俗研究は全体的に村山のものと重なり合う。まったく同じであるのは著書のうち一六頁、巫歌二篇、写真四枚で、秋葉の研究内容と理論は全般的に村山の『朝鮮の巫覡』に類似している。

先に朝鮮に来て巫俗信仰の調査研究を行っている大学の先輩から協力を得ていれば、影響されるのは自然な成り行きであろう。秋葉は村山とともに朝鮮総督府の調査資料を共有し、これを利用した。よって、彼の学問は朝鮮総督府の調査に多くを負っている。

彼らの巫俗研究は、朝鮮半島全体の文化を調査したという点で大きな意味を持つ。戦後、朝鮮半島は南北に分断され、現状では朝鮮半島全体の調査は不可能である。また戦後、韓国ではナショナリズムの高揚により伝統文化が注目され、国文学者による研究が盛んに行われるようになったが、そこでは社会学的研究は軽視されていた。よって彼らが当時、シャーマニズムをひとつの社会現象として考察したことには先見性があると言える。

私は一九八二年二月、村山が実名で残した名簿を確認することができた。タンゴルたちはそこに記された名前を知っており、彼らからその子孫が生存していることを聞き、新上里《シンカンリ》の金鐘基《キムチヨンギ》氏と彼の母にも会うことができた。

私はインタビューと戸籍などの記録を合わせ、タンゴル同士の内婚によるネットワークを明らかにし、タンゴルと称する一種の宗教社会、すなわち巫と信者の巫団制度を把握した。全羅道タンゴルは姑と嫁が中心となって巫業を伝承しているため、これを姑という言葉で特徴づけた。姑と嫁は父と息子を中心とした構造であるため、これは父子を中心とした父系と言わねばならない。ここでも巫の子は男女を問わず巫になるという根本的な原則がある。

†人生の恨みをクッではらした女性

私は全羅南道の世襲巫の調査に続き、一九六九年四月に東海岸地域の世襲巫について調査することになった。毎朝六時に起床し、窓から巫女が歩く姿を見て、カメラとノートだけを持って東萊の南方二キロ地点にある李ボクゲ氏（当時七九歳）の山に出かけた。李さんは貴婦人のようであるが、右目は閉じたままである。彼女は自分の死後のことを考えてムーダンに依頼し、サンオグクッ（生祝祭）を行った。

シャーマンの口から李さんの悲劇的な人生について繰り返し語られ、私は事前に本人から聞いたことを思い浮かべながらもクッに魅了された。

李さんは結婚して二人の子供をもうけたがいずれも幼くして亡くなったため、実子はいない。結婚当初から夫婦仲は芳《かんば》しくなく、夫は他の女性と所帯を持ち、家を出ていった。彼女は野菜を売りながら生計を立て、その間に夫は世を去った。商売で稼いで山と田畑を買い、経済的にも余裕が生まれたが八〇歳近くになり、死を強く意識するようになった。そんな折、村では李さんの財産の相続について、夫と他の女性との間に生まれた息子たちに李さんの財産の相続権があり、彼らに財産が渡されるという噂が流れた。

夫のことを恨みながらも懸命に稼いで手に入れた財産が、内縁の女の息子たちに相続される。李さんにとって、そのような不条理は耐えがたいものであった。村人は最近、その息子たちが子供を連れて頻繁に訪ねてくることを不審に思っており、中には「すべてを許して彼らを頼り、余生を楽に過ごすように」と勧める人もいて、そのたびに彼女は不安感にさいなまれた。

夫を許して彼らを受け入れるには、自分の心のしこりはあまりにも大きすぎる。夫と内縁の女のことはもちろんのこと、彼らに対する復讐心で多くを犠牲にしてきた自分の人生を振り返ると許せなかった。結局、李さんは死ぬ前に自分の財産をすべて使い、一銭も残さないことにした。懸命に蓄えた財産を使い尽くすには、死後の世界のためにクッをするのが最もよいと考えた。

李さんの人生はクッの中でより悲劇的に演出され、彼女は涙を流したが、それでもなお、すでに故人となった内縁の女があの世で豊かに暮らせるようにと祈った。巫女たちは儀礼中、李さんの過去を語り、それは観衆たちに公開された。観客たちは李さんとともに憤慨し、同情の涙を流した。夫の内縁の女の息子に財産を譲ることは許せない。夫と内縁の女の息子が子供を連れ、祭壇にお辞儀をした時、多くの観衆は許してもよいのではないかという表情を浮かべたが、その一方でわざわざ現れた息子を財産目当てだと悪口を言う人もいた。

第 3 章
キリスト教との出会い

朝鮮服のイエス(ドイツ オチリエン教会蔵 1920年代)

†キリスト教の祈り

私がクリスチャンとして生活するようになってからの大きな違和感は、祈りであった。韓国の伝統社会で男は祈らず、祈りは女のものであった。しかしキリスト教会では男性牧師が圧倒的に多く、男性が祈ることが一般的だった。韓国人は日常的には祈らない。私の母は茶碗に水を入れて神に供え、子供たちの健康と成功を祈っていたが、クリスチャンの食前祈禱の習慣はなかった。儒教儀礼では男性が「祝文」を高い声で読みあげることがある。

母は手をもみ合わせながら、他人には聞こえないほど小さな声で祈る。「ただ心の中で祈る」と言ってもよい。また、過ちを犯した時には神にわびるが、これは必ずしも消極的なことではない。神に対して過ちを犯し、病気になった時には病気を治すために祈る。

キリスト教では食卓を前にして「食前の祈禱」を行い、真摯な信者であればあるほど長く祈る。これを大々的に行うのが朝餐祈禱会で、現在では政治家たちも祈禱する。そのネット上の一例を挙げてみよう。

今日も生きていて、人間の生死と禍福と歴史をつかさどる神様!

本日、早朝の国家朝餐祈禱会で主を畏敬する民が心を一つにし、神霊に真の礼拝ができるようにしてくださり、感謝いたします。

神様の意志により、神様を全然わからなかった民に、この福音の不毛地に神様の御言葉を送ってくださり、彼らの血と涙と汗で福音の種を蒔き、これが育って実を結んで多くの人々が主に帰って来て多くの教会が建てられ、世界で二番目に多い宣教師を派送する国になりました。

その間、経済的にも復興し、政治的な民主化も成し遂げました。

しかし、神様、今大韓民国が大きな困難に直面しています。大統領が弾劾されたため、政治は混乱し、国民は互いに意見が分かれて葛藤し、反目しています。経済も厳しいです。貧富格差と大・中小企業間の両極化も深刻で、若者は失業に苦しんでいます。少子化で人口の崖にぶつかり、老人貧困率、自殺率はOECD加盟国の中で一位です。継続する北朝鮮の挑発と韓国をめぐる国際情勢も容易ではありません。

しかし神様！

私どもは、何がどう間違っているのか、もう一度自分を振り返り、深く悔い改めさせてください。

主様！　あなたの誇りと慈悲をもって私たちの心霊を聖潔にして、神様の意思をわきまえて神様の意思を成す歩みを願います。

私たちはもっと神様の御言葉を敬い、信仰の盾で神様に近づき、それぞれの生の位置で人間の目で自分の有利・不利を考えず、大胆に神様が与えた教えを行い、神様が喜ぶ国を築けるように導いてください。

公意が下水のように流れて無念なものがないようにしてくださり、この国のすべての法と制度が多くの人々に公平な機会を与え、お互いを理解して許し、愛し、希望を与える国になるように、新しい成長動力を開発して経済的復興を成し遂げるように導いてください。

私たちは弱くて足りないですが、能力のある神様！　私たちに強く、大胆になれるように力を注ぎ、知恵を与えてください。

そして神様が喜ぶ国に再び立つことができるようにしてください、世界万邦にイエス・キリストの福音を証しする祭司長国家、宣教の召命を果たす国、神様の栄光を現わす国にしてください。

神様！　この時間に私たちが、神様の御言葉で深い霊的交流をするようにしてください。罪悪の道に立たないようにしてください。すべての霊的争いで勝利する勇士たちになるように助けてください。

これらすべての言葉をわが主イエス・キリストの御名によってお祈り申し上げます。

アーメン

日本ではクリスチャンであっても、人前で祈ることにはかなり躊躇するだろう。神社参拝などで祈る文化がないわけではないが、個人的に祈る頻度は少ない。

クッと礼拝にはそれぞれ重要な儀礼形式がある。私は教会の礼拝に出席するようになり、違和感と同時に親近感を覚えた。シャーマニズム儀礼のクッには一二祭次があり（演劇の幕のようなものである）、数日間行われる場合もある。一方、キリスト教の礼拝は祈り、賛美、説教、献金などで一時間ほどを要する。このような点においてクッの一部である祭次と礼拝は相応しており、祭次の一つが礼拝であっても形式上は何の問題もない。

儒教とキリスト教の対立は深刻であったが、これは後者のシャーマニズム的な信仰構造によ る。キリスト教の礼拝はクッのように長くなり大規模化する傾向があるが、これはあくまで礼拝の延長・拡大であり、クッのように多くの祭次から構成されるわけではない。

礼拝とクッでは形式的に異なる点もある。礼拝はだいたい祈禱、賛美、説教で構成されている。祈りと説教は我々が日常的に使っている言葉で行われ、賛美は歌である。一方、クッでは清拝、口寄せ、祝言、徳談などといった巫歌が歌われ、神と信者の対話である口寄せも一定のリズムを持つ。カトリック教会や聖公会のミサでは祈禱文がリズミカルに朗読されるが、クッのリズミカルな特性とキリスト教の牧師が語る説教とは対照的である。踊りと歌にはクッのリズムの特徴が最も顕著に現れている。

説教は体系的な言葉で具体的な事例を挙げて説明し、説得する知的かつ静的な伝達方法であるが、口寄せは対話の形式を強く維持しながら進められるため、直接的かつ感情的である。口寄せでは祈りとそれに対する応答が相互に関連しており、神が依頼者を「助けてやる」という意味合いがある。キリスト教の祈りにも応答がないわけではないが、祈りに対する応答は間接的な結果として現れるため、それを意識することは難しい。

†聖餐式の意味

礼拝には聖餐式というものがあり、これは文字通り聖なる象徴的な餐である。アメリカに移住したプロテスタント（清教徒）は感謝節などの聖餐式でパンとブドウ酒を受け、洗礼を受けた者が聖餐に参加する資格を得る。私は教会では禁酒だと思っていたがパンとブドウ酒が出て、大変贅沢に感じた。

新約聖書『コリント人への手紙』前書一一章には聖餐式について書かれており、ここは聖餐式の時に必ず読まれる。聖餐の起源とその意味、聖餐に臨む態度について述べられている。ふさわしくない人がパンを食べ、ブドウ酒を飲むならば主に対して罪を犯すことになるという普通の飲食とは異なるタブーがある。ご馳走でもないのに、なぜそれほど厳しい決まりがあるのか。「聖餐にふさわしい人」とはどのような人なのか。

聖餐式で供されるパンとブドウ酒は肉と血を象徴している。イエスはパンを取り、感謝をささげた後にそれを裂き、こう言われた。

「これはあなたがたのための私の体です。わたしを覚えて、これを行いなさい」。

杯についても同じようにして言われた。

「この杯は、わたしの血による新しい契約です。これを飲むたびに、わたしを覚えて、これを行いなさい」。

この文章を初めて読んだ時、私は驚き、パンとブドウ酒が人の体と血であるということを受け入れられなかった。

イエスは次のように言われる。

「みな、この杯から飲みなさい。これは、わたしの契約の血です。罪を赦すために多くの人のために流されるものです。ただ、言っておきます。わたしの父の御国で、あなたがたと新しく飲むその日までは、わたしはもはや、ブドウの実で造った物を飲むことはありません」。

私はこれまで、このような儀礼に数多く参加しており、シャーマニズムの儀礼における「成《ソン》桂肉《ゲ》」を思い出した。口承文芸では次のような言い伝えがある。朝鮮王朝の太祖の李成桂に負けた崔《チユ》瑩《ヨン》将軍の恨みを忘れないようにするため、民衆は「李成桂を食べる」。シャーマニズムのクッの最後のほうで、肉（餅）を分けて食べる。李成桂に敗れた崔瑩将軍の「怨恨」を慰めるため、李成桂の身体を象徴する「成桂肉」を噛み、食べる。聖餐のパンと成桂肉の類似点・相違点を通じて、信仰における怨恨・復讐について考えざるを得ない。

韓国人は日本人について、正直かつ勤勉で礼儀正しいと評価する一方で、日本統治下の数々の苦難から、日本人は「怨の匕首《あいくち》」をもって復讐しようとしているとも言われてきた。好き嫌いの感情は極めて個人的なものではあるが、社会生活の基礎でもある。日本人の怨、韓国人の恨は日韓文化論の基本である。

今なお世界各地では火刑が行われている。中国の故事成語「臥薪嘗胆《がしんしようたん》」は「薪《たきぎ》の上に寝て、苦い胆《きも》を嘗《な》める」の意で、『十八史略』春秋戦国の故事に由来している。私は、中学時代の漢文の先生の「復讐するために苦痛を伴う生活を送るべきではない」という言葉を今でも守っている。

キリスト教の感謝祭は、新大陸に移住した清教徒たちが開拓して収穫したものを神様に捧げ、感謝をしたことから始まった。古代イスラエルの「過越祭《ペサハ》」はいけにえの小羊を身代わりとし、食事は種なしの（無発酵）パンとブドウ酒を中心とする簡素なものであった。イエスは自身の肉体を喩えた「種なしのパン」を裂いて弟子たちに分け与え、多くの人のために十字架上で流した血に喩えてブドウ酒を与えた。これにより弟子たちに新しい契約の中に生き、食事によって神とつながることを教えたのである。現在、プロテスタント教会で行われているイエスの十字架上の死を記念する「聖餐式」（カトリックでは「聖体拝領」）のルーツはイスラエルの過越祭にある。

新約聖書には食事の場面が数多く出てくる。たとえば神の福音を伝えるための歓迎としての晩餐（『ルカによる福音書』一四章一六〜二四節）、主との個人的な親しい交わりを意味する食卓（『ヨハネの黙示録』三章二〇節）、主を歓迎し、主にある者たちの交わりとしての晩餐（『ヨハネの黙示録』一二章一〜八節）、花婿なるキリストとキリストの花嫁の婚宴における晩餐（『ヨハネの黙示録』一九章九節）などがあるが、これらは「主の死を記念するための晩餐」を意味する。

私はこれまで送別会は数多く経験したが、そこではいつかまた会えるという希望があるからこそ食事を楽しむことができる。では、死を前にして最後の晩餐会に臨んだイエスの心情はいかばかりであったか。多くの解説や注釈はイエスの復活を前提としており肯定的であったが、私は、それはイエスにとって辛く耐えがたい時間であっただろうと想像する。

聖餐式における肉と血（パンとブドウ酒）は通常の食事のそれとは異なる。シャーマニズム、キリスト教の儀礼における食事には民衆の心情が現れているが、キリスト教ではキリストの死後の神学や解釈があるため、より信仰的である。「主の晩餐」は一般的な交わりとしての「食卓」とは異なる。使徒パウロは新約聖書の『コリントの信徒への手紙一』一一章で、主を覚える記念としての「主の晩餐」について述べている。

聖餐式を生きた「主の晩餐」とするには、私たちひとり一人の力量が問われる。パウロは「もし、ふさわしくないままでパンを食べ、主の杯を飲むならば、主のからだと血に対して罪を犯すことになる」と警告した。私は聖餐式に参列するたびに、主が私のために苦しみ、血を流したことを思う。

†人間関係の基本「信頼」

礼拝で必ず講読する「使徒信経」には「聖なる公会、聖徒の交わり」とあるが、「聖徒」とは「聖友」を意味するのであろう。私の友人で著名な文化人類学者である伊藤亜人《あびと》氏は、韓国

人の人間関係について次のように分析している。韓国人の人間関係には「親しい人 친한 사람」と「近い人 가까운 사람」の二種類があり、「近い人」は血縁的に近い人（両親など）、「親しい人」は「親旧」（친구）、つまり友人である。

近い人は両親、家族、親族、民族へと拡大される。そこでは血縁や血統が重視され、民族愛が強い一方で排他性も強い。これが民族主義につながり、ナショナリズムを増幅させる。遠い人（他者）に関しては親族から遠い人ほど他人と見なしつつ、他人を愛して結婚し、血縁関係ができる。これは社会生活・人間関係の基本概念となる。

親しい人間関係の基礎は「親旧」（친구）、である。個人がそれぞれ郷土、市民へと開かれ、やがて世界へと広がる。意識的に接近せずとも、友人は自然とできる。友人関係にはルールのようなものがあり、その根底には「信」が横たわっている。

私は二〇〇五年、大学の職を得て下関に移ってから、毎週日曜日にお茶を飲みながら日韓関係や在日問題について語り合う友人ができて、韓国人、在日、ニューカマー（私）で三羽ガラスともいわれていた。そのうちの韓国人の友人が日本での任期を終え、帰国することになった。私は多くの友人に声を掛け、送別会を開くことにしたが、在日の友人は再三にわたって参加を促しても無反応であった。韓国に帰国した友人はしばらくして私を訪ねてきたが、在日の友人とはそれきり音信不通となった。

先ほども述べたように、「友情」とは簡単な関係ではない。友人関係では「信」を重視するがゆえに大きく失望することもある。しかしこれがなければ友人にはなれない。儒教では「朋友信有り」という言葉があるが、友になるにはルールがある。友人関係では互いに相手を失望させることもある。これは恐らく多くの人が経験することであろうが、「信」があるからこそ失望は大きい。

佐木隆三氏

†背信と復讐

キリスト教では背信をどう受け止めるのだろうか。私は直木賞受賞作家の佐木隆三さんを二度ほど訪ねたことがある。彼の実家は広島県三次市の農家で、父親が朝鮮に渡ったため朝鮮で生まれた。終戦直前に父親の郷里に戻ったが、一九四五年七月に父親はフィリピンのミンダナオ島で戦死した。彼は一九七二年一月、沖縄返還協定批准阻止闘争による沖縄ゼネストの首謀者として逮捕され、一二日留置所に勾留されたのち、無実であることが判明して釈放された。私は彼に会った時に、冗談で「これは作家としてよい経歴になっているのではないか」と言ったことを思い出す。

彼の作品は刑務所が舞台になっているものが多く、自らの経験からそれが詳しく描写されている。小学校の弁論大会で優勝したこと、高卒であること、直木賞をとったことなどこれまでの人生について正直に、時には皮肉を交えて語ってくれた。「普通は熟練、努力を積み重ねて成功するが、自分の生き方は異なる」という言葉が特に印象に残った。

また彼は「史劇映画やドラマでは愛憎、加害と被害、嫉妬と復讐などがテーマとなっていて、それを視聴する私たちはテロを楽しんでいるようなものだ」と言っていた。私は彼に読者を魅了する文章を書く秘訣を聞くなどして、話は尽きなかった。

彼は一九五〇年代に八幡製鉄に就職し、作家の岩下俊作先生に学び、社内誌などに小説を書き始め、二七歳で会社を辞して職業作家となった。トルストイの『アンナ・カレーニナ』の冒頭にある聖句をそのままタイトルとした小説『復讐するは我にあり』で一九七六年に直木賞を受賞した。『復讐するは我にあり』は女性や老人を含む五人を殺害し、七八日間の逃亡の末、四三歳で処刑されたカトリック信者の詐欺師をモデルとしている。それ以降、刑事裁判の傍聴をもとにノンフィクション小説を多数執筆している。

私が「我々も日常的に人間関係で傷つき、恨んで復讐したくなる。それをどうすべきか」と問いを投げかけると、彼は新約聖書の『ローマ人への手紙』一二章一九節を引いた。「愛する人たち。自分で復讐してはいけません。神の怒りに任せなさい。そこには、こう書いてあるからです。復讐は私のすることである。わたしが報いをする、と主は言われる」。彼はクリスチャンではないが、聖書をよく読むという。彼の作家精神はキリスト教につながっていると感じた。私も「恨」の基本精神について分析し、この聖句は暗記しているほどである。話題はやがて、安重根の伊藤博文の暗殺やテロの問題へと広がっていった。

復讐は繰り返されるうちに増幅し、社会を破壊する。ではもう一つの聖句、「悪人に手向かってはならない。だれかがあなたの右の頬を打つなら、左の頬をも向けなさい」（新約聖書『マタイによる福音書』五章三八～九節）は何を意味するのか。人から受けた嫌な感情（怨）によって復讐してはならない。聖書にはこれについて、次のように書かれている。

「あなたはあだを返してはならない。あなたの民の人々に恨みをいだいてはならない」（旧約聖書『レビ記』一九章一八節）。

「あるいは恨みによって手で人を打って死なせたならば、その打った者は必ず殺されなければならない。彼は故意の殺人だからである。血の復讐をする者は、その故意殺人に出会うとき殺すことができる」（旧約聖書『民数記』三五章二一節）。

「彼らは悪をもってわが善に報い、恨みをもってわが愛に報いるのです」（旧約聖書『詩篇』

一〇九章五節)。

「祈るとき、だれかに対して、何か恨み事があるならば、ゆるしてやりなさい。そうすれば、天にいますあなたがたの父も、あなたがたのあやまちを、ゆるしてくださるであろう」(新約聖書『マルコによる福音書』一一章二五節)。

イエスは隣人を愛すると言ったが(新約聖書『マタイによる福音書』二二章三六〜四〇節)、これは実に難しい。ただ自分自身を愛するのであれば、これを「自分自身の望むことを隣人にせよ」と解釈するだろう。

佐木さんはキリスト教を通して多くの名言や知恵を知った。イエスは「あなたがたのうちのひとりが、わたしを裏切ります」(新約聖書『ヨハネによる福音書』一三章二一節)と言い、復讐しないようにと忠告した。これは人間の感情を無視した逆説で、情と知を合わせて考えなければならない。ではキリスト教とイスラム、ユダヤ教などの間で紛争が多いのはなぜなのか。

人間関係では愛と裏切りが憎しみへと変化する場合が多い。多くの人が友人や恋人からの裏切りを経験する。たいていの人は自分のほうが正しいという前提に立っているため、裏切られれば復讐したくなるものだが、私は子供の頃から母にことあるごとに「喧嘩しても和解する人になれ」と言われてきた。これは「怨」を昇華し、「恨《ハン》」とすることである。

二〇一五年のシリアにおける日本人人質殺害事件を機に、日本でもイスラム過激派のテロへの不安が広がった。シリアではイエスとパウロがキリスト教を宣教しており、ユダヤ教とイスラムの宗教のメッカともいえる地域である。これらはすべて平和を愛する宗教であるが、イスラエルによるエルサレムの占拠のため、しばしばトラブルが起きている。九・一一以降、世界中の人々がテロへの恐怖を感じている。それまで日本にとって中東問題は対岸の火事であったが、日本人人質殺害の時にはにわかに恐怖と不安が強まった。

人類の歴史においてテロ行為は古くから再三にわたって起きており、日本や韓国もそれを容認してきた。日本は太平洋戦争のことを「聖戦」であるとして多くの若者を動員し、その命を犠牲にした。多くの軍人は今なお戦争を愛国行為と捉えており、決してテロとは思っていない。そうでなければ軍の存在意義が危うくなるからであろう。

人はこの世の寄留者に過ぎず、誰もがここに住む権利を持つのであるから共生すべきである。在日大韓基督教会川崎教会名誉牧師で、在日への理解と差別撤廃に尽力した李《イ》仁夏《インハ》氏は聖書に基づくこの考え方に基づき、活動を続けた。「愛する者たちよ。あなたがたに勧める。あなたがたは、この世の旅人であり寄留者であるから、たましいに戦いをいどむ肉の欲を避けなさい」(新約聖書『ペテロの第一の手紙』二章一一節)。それぞれの国が国境を定めて領土として主張し、戦争や紛争が起こるようになった。現在、国民国家の枠を超えてグローバル化を進めてきたEUが、イギリスの離脱により大きな試練を受けている。

在日はただ在日であるという理由で差別されるため、反抗的になった人も多い。私は「差別の中で生きる」ことについて考え、在日の自我（ego）が差別を克服し、自然な人間として肯定的、積極的に生きていくことを提案した。たとえば、アメリカから宣教のために来日した蔡《チュ》牧師は宣教活動と共に資金集めも行い、広島駅前に四階建てのビルを購入、信者も増えて教会は安定した。定年となって後任の牧師に教会を託し、涙ながらにアメリカへ帰国した。これはまさに、差別を乗り越えた肯定的な生き方であろう。

私は韓国のシャーマニズムの研究を通して恨み・復讐について考察し、『恨《はん》の人類学』『哭《な》きの文化人類学』を著した。ここでは韓国人がもつ好悪の感情を文化的な側面から分析するとともに、悲しみの感情について分析している。たとえば悲しくて泣くという人間の普遍的な現象は、韓国においては声を出して泣く儀礼的な「哭」にまで到達しており、これは日本とは大きく異なる。

イエスは人間の救済のために活動したにもかかわらず無実の罪で十字架にかけられ、悽絶な最期を遂げたがゆえに、宗教的崇拝の対象となっている。この点において、イエスの信仰はシャーマニズムと結び付く。

二〇〇八年一一月、イエスの墓とされる場所に建てられたエルサレムの聖墳墓教会でギリシ

広島教会で説教する著者（1996 年）

ャ正教とアルメニア正教の修道士たちが乱闘騒ぎを起こし、クリスチャンとして恥ずかしく思った。エルサレムはユダヤ教、カトリック教、キリスト教、イスラム教などの聖地であり、その中心である聖墳墓教会はカトリック教会、東方正教会、アルメニア使徒教会、コプト正教会、シリア正教会など複数の教派によって共同管理されている。教派間では互いに聖地を独占しようとして争いが絶えず、クリスマスが近くなるとさらに状況は悪化する。

現在もなお、政治・宗教を原因とする戦争・紛争が絶えることはないが、私は宗教やイデオロギーの危険性を知りながらも、やはり信仰に頼らざるを得ない。

†信仰と経典

江戸時代の禁教の苦難の中、ひそかにキリスト教信仰を守り続けた「長崎と天草地方の潜伏キリシタン関連遺産」（長崎、熊本両県）が、二〇一八年、世界文化遺産に登録された。私は日本に住むようになってすぐ、中部大学の故王崧興《オウシヨウコウ》教授と共に長崎の福江、天草などを調査し、隠れキリシタン史、踏み絵に関心を持った。

四〇〇年ほど前、日本では隠れキリシタンは残酷な方法で殺された。朝鮮人クリスチャンたちが日本で殉教したことについて、『朝鮮』（朝鮮総督府機関誌、一九二九年）に次のような記述がある。「薪はその苦痛を長くするために、刑柱より距離を遠くしておかれたのであった。火焔が迫るやカイはその中に跪坐し、一生の願いを叫び殉教する栄誉なることを高らかに唱え、上帝に感謝し、刑柱の焼けた後に死んだ。五三歳であった」。

韓国でも一八世紀の李王朝では儒教が国教であり、尹持忠《ユンジチユン》という人物が伝統的な祖先崇拝から脱しクリスチャンとなって、殉教したという事件があった。日本も儒教・仏教文化圏で隠れキリシタンの殉教史があるが、キリスト教の伝播と定着において日韓両国では大きな差が生じた。

マックス・ヴェーバーは「合理的な行政を判断する指導者と非合理的なカリスマを持っている指導者がいる」と指摘したが、日本人は後者を求めるがゆえに世界でも稀な天皇制を保持している。また、タイでは王や仏僧などがカリスマを持つ。

二〇一二年二月、アフガニスタンで米兵がイスラム過激派によるメッセージが書き込まれたイスラム教の聖典コーランをごみと勘違いして廃棄場に捨て、焼却された。これが大きな問題となり、米兵が殺害されるなど報復を受けている。私はコーランについて講義したことがあるが、コーランには容易に翻訳できない神聖さがある。

キリスト教の聖書も単なる本ではなく音声、言葉そのものである。これは古い原典を読み上げるものであり、カトリックではその傾向が強い。プロテスタントではイエスは人間に近い神とされ、聖書の翻訳が可能となり、解釈を主とする神学も成立しているが、それに伴い聖書が世俗化し、牧師のユーモアあふれる説教で笑いが起きることもある。

イスラム教や仏教では原典重視の傾向が強いが、キリスト教のプロテスタントでは聖書はそれぞれの地方の言葉で翻訳されている。特に新約聖書は証言や書簡文で成り立っており、宣教と伝道のために歩くイエスの姿、その旅の心について地域の言葉で聞けば、よりよく理解することができる。たとえば釜石市、気仙郡越喜《おっき》来《らい》村（現・大船渡市三陸町越喜来）育ちの医師でカトリック信者の山浦玄嗣《はるつぐ》は聖書をケセン語（気仙語）に訳した。私は東北弁のリズムはわかるものの言葉を理解できないが、秋田出身の妻にとっては懐かしい響きのようである。

牧師や神学者たちは注釈やエピソードを重視し、いかにも人に説教するような読み方をすることが多い。旅人の心、伝道の心をキャッチするためには自らの言語で読むことが必要である。韓国では伝統的な音楽であるパンソリで歌ったものもある。聖書は単に読んで解釈するのではなく、各人がそれについて思考し、実行することに重点を置くべきであろう。

キリスト教の「愛」

クリスチャンになり、私はまず「愛」という言葉が気になった。それまでも父母への孝行・孝心についてはよく言われたが、「愛」を表現することは少なかった。かつて韓国の人々は愛を意味する「サラン」という言葉をあまり口にしなかったが、今はしばしば耳にするようになった。「国を愛する」とは愛国と忠誠を意味し、「人類を愛する」とは人間愛を意味する。私は愛国主義の中で育ち、戦前の大日本帝国への「忠君愛国」は戦後、韓国への「忠君愛国」となったが、そこでは「人を愛する」という言葉は聞くことがほぼなかった。

愛といえば、朝鮮王朝時代の代表的な恋愛小説である『春香伝《チュニャンヂョン》』を思い出す。この小説では主人公の春香と夢龍《モンニョン》の恋愛がセクシュアルに描写されており、朝鮮民族であれば誰もが知っている。朝鮮王朝時代、恋愛関係においては「一片丹心（一途な思い）」が重視され、夫への貞操を守ることが義務付けられた。現在でも地方を歩くと、そうした女性を称える「烈女碑」「烈女門」などといった石碑が残っている。

『春香伝』には儒教的な貞節が求められた時代の身分を超えた愛・性愛についてのさまざまな解釈が見られる。両班の李夢龍《イモンニョン》は卑賤民の妓生《キーセン》の娘・成春香《ソンチュニャン》と出会い、恋愛をしてやがて別離したが、再会まで春香は貞操を守ろうとする。夢龍は暗行御史《アメンオサ》として南原《ナンウオン》に潜入し、春香の貞操を奪おうとする悪い官吏の悪事を暴いて、春香を救出する。李朝時代の官吏は腐敗し、「貪《タン》官汚吏《カンオリ》」と言われており、『春香伝』にはその傍若無人ぶりが象徴的に描かれている。

　孔子は男女関係について直接触れることはなかったが、君子の三つの禁忌のひとつとして「色」を挙げている（「君子有三戒、少之時、血気未定、戒之在色」）。これは制度的なものではないが、儒教の性倫理は禁欲的であり非常に厳しい。

　私にとって、キリスト教が禁欲主義であることは意外であった。キリスト教では独身主義や結婚が問題となるが、パウロは肉欲を克服する禁欲生活を認めながらも結婚と独身をともに推奨し、どちらかというと独身が好ましいとした。教会法では結婚の有無を問わず、聖職者は配偶者との肉体的接触を回避すべきであるとされ、上級聖職者の婚姻を禁止した。これについては今日でも議論されている。

　私はキリスト教を信仰するようになってから、結婚せず禁欲することを推奨していることに疑問を抱いた。イエスが独身であったことはカトリック神父の非婚、修道院文化などに引き継がれている。

　哲学者のミシェル・フーコーはこれに注目し、「貞操との戦い」という論文でカッス（Cass）の理論を紹介しながら貞操の主観化について論じ、特に坊主（Monk）が肉欲的衝動や刺激に対して意識的・無意識的な次元でいかに抑制しているかについて述べている。そこでは異性に対する誘惑、自慰なども禁じられており、睡眠中の夢や性的衝動も問題視され、目覚めた後の日常生活が禁欲的かつ純粋（purity）な状態になり、汚れ（pollution）ないようにする（Michel Foucault, 1985: 14-25)。性欲との戦いが最も難しい。

程度の差はあれ、古くから性の快楽は危険視され、女色を戒めてきた。これが社会制度としての結婚につながり、特に宗教によって厳しく戒律化されている。性には快楽とともに恥という意識があり、正常な判断力が損なわれるため禁欲の対象となっている。たとえばキリスト教や仏教がそうで、アウグストゥスは「信仰によって性欲を抑制する」と言っている。このように個人の内面的な問題が宗教の教義となり、組織化されている。

カトリックの妊娠中絶の禁止は、その一例である。仏教でも肉欲を罪であるとして内面的に抑制し、特に小乗仏教では厳しく規制されている。キリスト教や仏教では性的抑制の禁欲が主であるが、儒教では客観的・社会的性倫理が重視されている。孔子も性について警戒すべきであると述べているが、それはキリスト教や仏教ほど強調されておらず、歴史的にも教義として発展したとは言えない。

西洋のキリスト教と東アジアの儒教の性に関する倫理を比較すると、前者には性の禁欲思想があるが後者にはそれがなく、その代わりに男尊女卑のイデオロギーがある。西洋における内面的禁欲主義は男女平等であるが、東アジアではそれよりもむしろ社会的性倫理が重視され、女性のみに性のモラルを強要している向きがある。キリスト教では内面的な貞操観を重視しており、儒教的な性倫理とは対照的である。

†キリスト教の「人類愛」

シャーマニズムではなじみのない言葉がキリストの「人類愛」である。

二〇一四年七月、イスラエルがガザのハマスを攻撃し、四〇〇〇人以上の死者を出した。サマリアはイスラエルの北のユダヤ民族の王国であり、キリスト教とは敵対していたが、イエスは彼らも隣人であるとして和解と平和を求めた。

私の母が篤信していたムーダン（シャーマン）の儀礼では死霊、怨霊信仰を通して親族愛を求める。そのためキリスト教における人類愛は漠然としていて、哲学的かつ曖昧に感じた。シャーマンの口寄せは直接話法で神と対話するが、教会の説教は間接話法で解釈と説明が主となる。後者は信仰というよりも理屈のように感じられ、教会は学校のようである。シャーマンは降神した時こそ神格になるが実生活では非差別的存在であり、牧師には権威主義的な人が多い。

アメリカでも、キリスト教は世俗化していると聞く。大統領選挙の際にはバイブル・ベルトと呼ばれるクリスチャンの多い地域が焦点となり、二〇一六年に共和党のドナルド・トランプ候補はクリスチャンの圧倒的な支持を得て勝利した。教会は宗教活動のみならず、政治にも大きな影響を及ぼす。

子供時代・青年時代にクリスチャンであった人が礼拝に行かなくなり、教会を離れる人も少なくないが、彼らは信仰を裏切っているわけではない。これは学校を卒業してもなお続いていく絆のようなもので、人類愛をもって生きる人が増えれば民主主義はより進化し、平和になると信ずる。

使徒パウロはギリシャ文化の中心地であったタルソでユダヤ人として生まれ、ユダヤの律法を学んだ学者であり、ローマの市民権を持っている。パウロはユダヤ教の律法主義を批判し、普遍的な愛による改革を宣言した。被植民地の教会を回って伝道し、特に偶像崇拝が盛んで性的に紊乱《びんらん》な異邦人社会について大きな懸念を持ち、ローマへの伝道旅行を願いながら『ローマ人への手紙』（新約聖書）を書いた。パウロはユダヤ人と異邦人の救いを説くことにより、諸民族と人類全体が救われると信じた。そこにはキリスト教の本質である普遍的な愛がある。

キリスト教はユダヤ教の民族主義、律法主義に対して普遍的な人類愛を訴える。しかし、在日のキリスト教会で常に感じたのが民族問題である。ある牧師は十字架の下に韓国の国旗を掲げて説教をし、「日本でキリスト教を布教する」と言い、私はその民族主義的な態度を批判したことがある。

韓国から来た伝道師や牧師たちは日本でキリスト教が定着しないことを疑問視し、在日教会の復興に意欲を見せている。ある牧師は説教で出雲大社に雷が落ちたこと、阪神・淡路大震災、スポーツでの日本の惨敗は神からの罰だと語った。かつて内村鑑三が外国人宣教師の態度に不満を持ち、無教会派をつくった気持ちがわかるような気がする。

日本人のキリスト教宣教師たちは朝鮮が植民地となる前から現地で伝道し、朝鮮民族を日本帝国に同化させ「忠良なる臣民」たらしめようとした。日清戦争後、一九一一年から日本組合キリスト教会は「東亜思想の善導」「朝鮮人をよき日本臣民となるように」「文化的理想の実現」などといった理想を掲げて大々的に朝鮮人への伝道を始め、キリストにより新たに生まれる内鮮一体、兄弟主義を主張した。

日本組合キリスト教会は当初、主に在朝鮮の日本人に伝道したが、次第に朝鮮人にも伝道するようになり、急速に普及した。これは朝鮮人を「忠良なる日本臣民」に教化する伝道であった。朝鮮人が日韓合併を既成事実として認め、両国が一体となった以上、朝鮮人の中から優秀な人物が出てくることが望ましい。朝鮮人は大日本帝国民であり、なおかつ忠実なる臣民でなければならない。朝鮮人を「よきキリスト者ならしめると同時に、よき日本臣民たらしめる」という伝道方針が総会で可決され、日本人のキリスト者は内鮮一体という理想を実現すべく努めた。

キリスト教は偶像崇拝を禁じるため、たびたび天皇崇拝の立場と衝突した。朝鮮神宮の竣工を控え、キリスト教会では神社参拝が問題となったが、当時の日本政府は国家神道行事に参拝しないことは天皇に対する不敬罪になるとした。キリスト教徒のある俳優（朝鮮人）は国旗に対する敬礼をしなかったため、罰を受けた。

しかし一九一九年の三・一独立運動、同年四月一五日の水原《スウオン》の堤岩里《ゼアムリ》虐殺事件では、これまでおとなしく従順であった朝鮮人たちが激しく抵抗したため、総督府は「武断統治」から「文化統治」へと方針転換した。「文化統治」とは朝鮮をあくまで植民地として支配するための政策であり、一九四二年には日曜礼拝以外のほぼすべての集会が禁止された。一九四五年に全教派が統合され、牧師たちは神官に引率されてみそぎを受け、外国人宣教師はすべて朝鮮から追放された。

総督府はキリスト教の伝道を通じて内鮮一体の成果を挙げるため、誓約、参拝決議をさせるなど弾圧を強化し、他方で教会の有力指導者たちを懐柔した。そのため彼らはキリスト教を通じて銃後報国を誓い、国民精神総動員運動や軍事後援運動などにも率先して参加した。

東京大学経済学部教授でキリスト者であった矢内原忠雄は朝鮮人のために隣人への神の愛を主張し、キリスト教を弾圧することに反対したため、一九三七年に大学から追放された。神の愛と神の義は楯の両面をなし、神の義は神の愛の現れである。彼は戦後、東京大学教授に復帰し、のちに東京大学総長となった。

一九六七年に日本キリスト教団が出した『戦争責任告白』により、韓国の教会と協約を結ぶ際には謝罪が前提となった。一九八四年、日本キリスト教団は在日大韓キリスト教会総会に対し、在日韓国人キリスト者たちとその同胞に対する戦前・戦後にわたる罪責を告白したうえで宣教協約を結んだ。戦後、在日大韓キリスト教会は日本キリスト教団を脱退している。

キリスト教は普遍的な世界宗教であるにもかかわらず、民族宗教的な色合いが強いのは残念である。キリスト教は少数民族の宗教、ユダヤ教的な偏狭な愛国心による宗教ではなく、あくまで民族を超える宗教でなければならない。

私はナショナリズムの危険性を感じている。日本はかつて太平洋戦争を「聖戦」であるとし、中東では聖戦による自爆テロが絶えず起きているが、これらはあくまで宗教的現象であり本質ではない。民族宗教であったユダヤ教からイエスが世界宗教たるキリスト教を創始し、六一〇年頃、ムハンマドによりイスラム教が創始された。ユダヤ教はイエスを認めず、キリスト教はユダヤ教がイエスを残酷に殺したことに恨みを持っており、イスラム教とキリスト教もまた敵対している。

三つの宗教はそれぞれエルサレムを聖地としており、歴史的に聖地をめぐる争いが繰り返されている。キリスト教はユダヤ教的な立場を超越し、世界宗教として二〇〇〇年以上存続している。現在ではそれが派閥主義・民族主義に傾き、宗教戦争はいまだに続いているが、そんな中で超教派的エキュメニカル運動（教会一致促進運動）が起きた。

韓国のキリスト教は、民族主義を強調する。現在、韓国から多くの宣教師たちが来日し、在日教会を中心に宣教しているが、日本文化を真に理解し、宣教活動を行う宣教師はまれで、たいていは反日感情を煽り、在日韓国人の結束を呼びかけている。たとえばある牧師は「スポーツでも日本に勝つことが一番嬉しく、負けるのは悲劇だ」と説教し、日本人とはほとんど付き合わない。

在日教会では日本人が数人出席しているにもかかわらず、極めて民族主義的な説教がしばしば行なわれており、私でも違和感を覚える。彼らは世界で起きている宗教・民族紛争には無関心であるが、やはり宗教者として他の宗教への理解は必要であろう。

戦後の日本における教育では宗教の問題がほぼ無視され、合理的な人間ばかりを育ててきた。宗教は愛情、尊敬、親孝行など非合理的なものへの理解を求め、これは骨の髄まで合理的な人間には理解しにくいものであるが、非合理的なものにこそ人間として大切なものがあることを学ぶべきである。

ある日、バス停留場にユリ、カサブランカ、菊の花束とメロンを持っているおばあさんがいて、私は彼女に花束の値段を聞いた。すると彼女は次のような話をした。花束は高かったけれども、値段は問題ではない。これから夫の墓へお参りに行く。夫の年金で暮らしていることを感謝し、好きだったメロンの初物を供えようと思う。夫は工場などで働いた後、市役所に勤めた。年金はそれほど多くはないが、それを頼りに生きている。皺の刻まれた顔で、「年金を残してくれて感謝です」と言い笑顔を見せた。

また別のある日には定刻よりも遅れて来たバスに乗ったが、交差点の道路工事で信号機の調整ができておらず、さらに車内で待たされた。バスが遅れていたため運転手は急いでいたようだが、停留所を若干過ぎたところでまた停車した。運転手は前後のドアを開けたまま、帽子を脱いでハンドルの上に置き、バスを降りて走っていった。白杖をついて歩いている盲目の老女の手を取り、言葉をかけてバスに乗るかどうか確認していたようである。彼女は人を待っていたようで、運転手は戻ってきても何も言わなかったが、私はバスの運転手のやさしさに感動した。このような社会こそ理想的で、愛はキリスト教社会でなくとも存在する。

キリスト教会でしばしば耳にする言葉は「感謝」である。礼拝である女性が次のように語った。彼女の父は目が見えない信徒で、夫も障害を持っているが、彼女は日々の生活に感謝しているという。これは毎日の生活からふと現れる虹のような美しい言葉であった。感謝の心は「満足」「ポジティブ」につながり、「平和」の原動力である。

第 4 章
儒教とキリスト教の葛藤

人形を用いた死後結婚

†「処女懐胎説」への疑問

私はクリスチャンになるにあたって、ひとつの疑問を持っていた。私が育った時代には婚前交渉は罪悪と考えられていたため、キリスト教では処女であるマリアがイエスを産んだとされていることに違和感を覚えた。「処女懐胎説」を神聖なものと捉えるべきか、それとも倫理の堕落と捉えるべきか。キリスト教には処女出産説があるが、シャーマニズムは人の命は神から授かるという考えに基づいている。

教会で処女出産説について直接聞くのは憚られたため、説教で話されることを期待したが、そこではただ霊的存在を強調し、処女懐胎については「イエス・キリストはその誕生から神の子（神性）であった」という説明に終始した。

キリスト教においては処女懐妊と出生が神秘化されている。これは婚前交渉を意味するのではなく、イエスが聖なる神の子であることのひとつの表現である。韓国語で子供の誕生は「神から授かる（ジョンジハダ）」という。これも人間の誕生を神秘的に捉えたものであると言えよう。イギリスの人類学者、エドマンド・リーチはポリネシアの神話の研究を通して、子供の誕生は性交によるものではなく、そこには生命誕生の神秘的な摂理があると言う。

キリスト教会の礼拝では一般的に「使徒信条」を朗読する。それは次の通りである。

使徒信条

我は天地の創造主、全能の父なる神を信ず。
我はそのひとり子、我らの主、イエス・キリストを信ず。
主は聖霊によりてやどり、おとめマリアより生まれ、
ポンティオ・ピラトのもとに苦しみを受け、
十字架につけられ、死にて葬られ、陰府にくだり、
三日目に死人の内よりよみがえり、
天にのぼり、全能の父なる神の右に座したまえり、
かしこよりきたりて生けると死にたる者を審《さば》きたまわん。
我は聖霊を信ず、聖なる公同の教会、聖徒の交わり、
罪のゆるし、からだのよみがえり、とこしえのいのちを信ず。
アーメン。

使徒信条はカトリック教会、ギリシャ正教会およびほとんどのプロテスタント教会で使われている。聖公会釜山教区の元主教、ウィリアム・チェ氏は四世紀にニカイアで採択された使徒

信条を英語、日本語、中国語、韓国語などに翻訳する際の問題点を指摘している。彼は信仰の「信」は「人」と「言」が合わさってできていることから、信仰とは人に会って言うことであると神学的に解釈している。

エドマンド・リーチは「処女懐胎説」こそ理想的な世界のあり方であると主張している。彼はトロブリアンダー島民が生理学的な父性を知らないと考え、未開人は父親が妊娠に生理的に関与する事実を知らないというマリノウスキーの説を否定した。メルフォード・スパイロはこれを批判し、多数の人類学者を巻き込み一大論争に発展した（リーチの「神話としての創世記」とレヴィ＝ストロースの「神話の構造分析」が参考になる）。

処女懐胎は最も重要な教理の一つであり、これは血の純潔を極度に重んずるヘブライ民族の信仰に由来する。母子関係が重視されることは文化人類学的な見地からも理解できるが、これは父系社会の概念とは異なる。たとえばインドのナヤル族では父の存在が薄く、母の兄弟が重視される。カトリック教会はこの種の母性原理をマリアに託したと考えられる。キリスト教が地中海世界に広がる際に聖母マリア信仰が現れ、カトリックや東方教会では聖母として崇拝されるようになった。神の霊力によってイエスを身ごもるということは非科学的である。

カトリックにおける母（聖母マリア）とキリスト教における父（父なる神様）のうち、私にとっては前者のほうがより親近感があった。私はシャーマンと霊的な擬似母子関係をもっていたため、聖母マリア信仰にそれと近しいものを感じたのであろう。

私はやがて父の存在に関心を持つようになったが、神様に対する「父なる」という表現に抵抗感があった。新約聖書ではイエス・キリストを長兄としてキリストを信じる者が兄弟姉妹となり、この家族の父が「父なる神」とされる。これは信仰共同体的な概念であり、養子縁組があまり行われない韓国の人々は特に抵抗を感じるであろう。

しかもキリスト教においては、三位一体の神は「父、子、聖霊」であるという。これは父系を基本とする考え方で、聖母マリア信仰とともに形成されたと思われる。シャーマニズム(巫俗)信仰では父系制が一般的であるが、全羅道タンゴルは姑と嫁が中心となって巫業を伝承し、姑の存在が大きい。しかし姑と嫁も根本的には父系構造に含まれるため、単に女性同士の関係であるとは言えない。巫女の子は男女を問わず全員巫になることが義務付けられており、息子より「孝娘」が重視される。また、巫歌「沈清伝《シンチョンジョン》」では親孝行が強調されている。社会制度上は息子との関係が強調されているが、ここでより切実に描写されているのは娘の親孝行である。シャーマニズムでも神と子の関係があり、その点でキリスト教と共通している。

†婚前性交渉の是非

韓国ドラマ『冬のソナタ』(ユン・ソクホ監督、二〇〇二年)にはベッドシーンが出てこない。

サンヒョクが婚約者であるユジンを無理やりホテルに連れ込み、拒まれるシーンがあるのみである。韓国ではセックスは結婚の火印《カイン》（必ず結婚をすべき約束）と言われており、基本的には婚前交渉はタブーとされている。初恋には性愛がなく、月日が経過しても変わらぬ愛がある。このドラマは初恋という運命で出会う四人の男女の物語である。

初恋では誰もが純粋かつ切ない気持ちを経験するが、月日が経つにつれてその記憶は薄れ、新たな恋によって色褪せていく。しかし初恋の彼が突然の事故で死に、一〇年後その死んだはずの彼に生き写しの男性が、結婚を控えた自分の前に現われたらどうだろう。愛した人と似ているという理由で、その彼を愛してしまうだろうか。運命は彼らを引き寄せては離し、時には「家族」という概念が彼らを苦悩させる。

少し古いが、プロテスタントのキリスト教倫理実践運動大学生委員会（代表・孫鳳鎬）が一九九六年、プロテスタント信者の大学生男女三七一人を対象に行った「キリスト青年の生活形態と価値観調査」によると、「婚前性関係は互いに愛する仲でもいけない」と答えた学生は八三％と非常に多く、婚前における異性間の接触の許容範囲は「キス程度かそれ以下」が九〇％を占めた。さらに、すでに性経験があるという回答は四％に過ぎず、一般的な新世代学生の性道徳の高さを示している。カトリックでは処女性が尊重されており、李氏朝鮮にキリスト教が入ってきてまず直面した問題は霊魂観、性倫理であった。

日本での大学生の性行為意識調査および性行動に関する研究もある（木村龍雄・皆川興栄・園山和夫「大学生の性交意識及び性行動に関する研究——性交経験の有無と性交意識・性交欲求及びアダルトビデオ」『学校保健研究』三八巻、一九九六年、四五〇～四五九頁）。北海道教育大から鹿児島大までの九大学（八地域）の一回生から四回生までを対象とした調査によると、男女ともに処女、童貞観についてこだわらないと回答した者、経験の有無にかかわらず婚前性交に賛成と回答した者が最も多い。交際が始まれば性交を意識し、女性のほうが男性よりも性交についてオープンであること、女子の性交経験群は非経験群と比べ、性交欲求が顕著に高いことなどがわかる。

「女性は結婚まで処女でいるべきだと思いますか？」という質問について、イエスと答えた日本人は八・一％、外国人は六一・五％であるという。日本語では「女性は結婚まで処女でいるべきか？」という質問であったのに対し、英語では「男女ともに結婚まで処女でいるべきか？」という質問であった。イエスと答えた人の主な意見は次の通りである。「私の宗教はイスラム教です。イスラム教では、結婚前に他の人と肉体関係を持ったことのない人と結婚する方が良い（大切）とされています」（パキスタン人男性、二九歳）。

「私の宗教（ギリシャ正教）によると、結婚するまではヴァージンでいた方がいいと思います。特に女性の場合は」（オーストラリア在住のギリシャ人男性、二二歳、大学生）。「私はクリスチャンなので、結婚までは処女でいようと思います。私の周りには、セックスをして未婚の母となり、不幸になっていく人が大勢います。私はあんな風になりたくありません」（アメリカ在住のアメリカ人女性、一六歳、高校生）。「エイズや宗教と関わるようなこの問題に対しては、〝イエス〟が唯一のふさわしい答えである」（国籍不明のヨーロッパ系男性、二〇代）。

「私は宗教のことまでは言いませんが、誰とでもセックスするのは『悪』だと言わざるを得ません。特に女性は非常に純粋な処女性を持っているのですから。もし、あなたがストリートガールと結婚したと想像してみてください。その女性は、あなたの友達や親戚の人と寝たかもしれないんですよ!! それを許せますか？」（韓国人男性、二五歳、学生）。「結婚相手にしか処女は渡さないという意志を女性は持つべきだ。他の男性とたくさんセックスしているような女性とは結婚する気になれない」（日本人男性、一八歳、ベーシスト）。

「処女は、結婚の際に夫にあげることのできる最高のギフトです」（フィリピン人女性、三二歳、主婦）。「私は保守派ではありませんが、処女は女性の誇りとなるもの（honor）だと思います。たとえ彼女が貧しく、それほど美しくもなく、多くの欠点を持っていたとしても、処女であれば、それが夫に対して誇れる唯一の財産となるのです」（フィリピン人男性、三〇歳、教師）。

「婚姻外のセックスは、望まない妊娠、売春、性病蔓延、自信喪失という結果を招き、より高い満足を求めてオーラルセックス、ホモセクシャル、レズビアンへとつながっていく。セックスは強い感情であり、適切に管理しなければ人類の破滅につながる」（ケニア人男性、二九歳、学生）。「男性であれ女性であれ、結婚相手以外の人と肉体関係を持つ人たちは、人間的に大きな人にはなれないと思います。大切なのは、心も体もきれいなまま、より良い相手と結婚して幸せな人生を送ることではないでしょうか。男性の本音ですが、心のどこかで処女と結婚したいという気持ちはあります」（ネパール人男性、三〇歳）。

また、ノーと答えた人の主な意見は次の通りである。「自分が結婚前に全然性関係がなければ、相手の女性に『処女でいること』を要求できるだろう。しかし、自分がセックスの経験があるのに女性に処女を求めるのは変な考え方だと思います。成人した男女が、自分の意志でセックスをするのは当然のことです。結婚は遊びではなく、お互いの信頼なのだから、〝心の処女〟こそが最も大切なことだと思います」（韓国人男性、二五歳、日本語学校生）。「結婚するのは、相手に対して〝愛〟があるからです」（中国人女性、二五歳、学生）。

†国による貞操観の違い

アンケートでは次のような回答も得られた。「愛も結婚も、〝処女かどうか〟という生理的問題を重視すべきではないと思います。また、処女だからといって、結婚後必ずしも貞淑な生活を送るとは限りません」。

二五歳のスイス人女性は、処女（童貞）の方が不倫の危険性が高いと言う。「結婚前にいくつかの性経験があれば、ある日配偶者以外の誰かと〝ちょっと試してみよう（try and see）〟などと望まないでしょう。逆に経験がないと、他の人とのセックスはどうだろうといつも考えてしまうのです。私の意見は、結婚前に、セックスについてただ話をするだけでなく、実際に経験すべきだということです。セックスは人生のとても重要な一部なのです」。三一歳のアメリカ人女性は「私の周りには、セックスレスや夫の過剰性欲による離婚が数多くあります。いろいろな人とセックスの相性を確かめてから結婚すべきです」と回答した。日本人女性は今回のアンケートに対し、ほとんど全員がノーと答えた。彼女たちの意見を見てみよう。

「こんな時代遅れの質問をするなんて呆れ返ってものも言えません。今時イエスと答える人なんかいるわけがない。いたとしてもそれは頭のおかしな人です。説明なんか不要。だいたい、女性だけに限って質問をするなんて、性差別以外のなにものでもない！　また、この質問は、人間は必ず結婚するという前提に立っている。結婚しない人はセックスをしてはいけないんですか！」（二三歳、教師）。

「今日では若い世代は愛を楽しんでいます。結婚するまでヴァージンでいるのは不可能なことです」（二九歳、メディカル・ラボラトリー・テクニシャン）。

「恋愛して肉体関係になるのは当たり前です。逆に肉体関係にならない方がおかしいのではないでしょうか？」（三〇歳以上）。

「結婚適齢期が上がっている今、結婚まで処女というのは、何か変な人というか、問題があるのかなーと思ってしまう。私は一九歳で経験したが、周りの友達が経験するとどうしても焦ってしまいます」（二二歳、フリーター）。

これに対して、二七歳の日本人女性は次のように回答している。

「日本人の多くが、結婚まで処女でいる女性は〝気持ち悪い〟と思っている」。

日本男性も、結婚まで処女の女性は好まない。でも、他のアジアの人がそれを聞いたらビックリするだろう。私はオーストラリアに留学していたが、そこにいたほとんどのアジア人が、結婚するまで処女でなければならないと言っていた（現在は変わりつつあるようだが）。

実際、アジアでは「女性は結婚するまで処女でいるべき」と考えられているのだろうか。アジアの中ではかなり発展した国の一つである韓国の男性（二六歳、会社員）は「韓国では、七割から八割の男性が結婚相手に処女を求めています」と言う。また、アジアの大国である中国の女性（二二歳、留学生）は「中国では最近性解放が急速に進んでいますが、男性の多くはいまだに処女を求めています。彼らは、口では『処女かどうかは関係ない』と言いながら、心の中では処女を望んでいるのです。私は、そういう進歩的な男性と何人か付き合ったことがありますが、私が処女ではないと告げたら、みんなショックを受けていた」と回答した。

このような貞操観は倫理にとどまらず、結婚制度や法律にまで影響を及ぼしている。韓国の最近消滅した刑法第三二条の貞操に関する罪は主に強姦に関するものである。第三〇四条では婚姻を口実に姦淫した者、その他の偽計により淫行の常習のない婦女を姦淫した者は二年以下の懲役に処するとしており、刑法二四一条では配偶者が姦通した場合、配偶者の告訴により姦通者は二人とも二年以下の懲役に処するとしている。これは性を基本的に結婚・家族制度の中に置こうとするもので、婚外性交渉は否定的に捉えられている。韓国ではさまざまな局面において貞操の重要性が強調されるにもかかわらず、売春が多いという意外な一面がある。根強い儒教的な貞操観と売春の盛況という矛盾する状況はいかにして生じたのか。

†清教徒倫理

ナタニエル・ホーソーンの小説『緋文字』はピューリタン社会を舞台とし、清教徒の厳しい性モラルについて詳しく描写されている。牧師と夫を持つ女性との間の不倫関係が発覚しても、女性は相手が牧師であることを明かさない。彼女は姦通の罪を犯した後に出産し、その父親の名を明かすことを拒み、悔恨と尊厳の内に新しい人生を打ち建てようと努力する。愛の関係が非難され、罪人としての生き方は当時の社会状況を象徴し、未来を暗示している。現に今、キリスト教の厳しい倫理により人権が蹂躙《じゅうりん》され、離婚に関しては大きな問題が残っている。

クリスチャンになったばかりの私には西洋社会の性倫理が緩んでいるように思われ、ピューリタンの厳しさに疑問を持った。そこで多くのアメリカの小説や映画に触れたことにより、私が西洋社会を誤解していたことに気づき、聖書の愛と性についての聖句に注目した。牧師たちの説教では「アガペの愛」などといった難解な哲学用語を用いて表現しており、本質を理解していないように感じた。イエスは愛について、もっと平易に語ったはずである。

新約聖書『コリント人への第一の手紙』一三章のパウロの手紙には「語っても、愛がなければ、やかましい鐘、知識に通じていても、つよい信仰があっても、もし愛がなければ、無に等しい。愛は寛容であり、愛は情け深い。また、ねたむことをしない。恨をいだかない。信じ、すべてを望み、すべてを耐える。愛はいつまでも絶えることがない。いつまでも存続するものは、信仰と希望と愛の三つがある。もっとも大いなるものは、愛である」と記されている。

私はエーリッヒ・フロムの『愛するということ（The Art of Loving）』をタイトルに惹かれて読んだが、これは「恋に落ちる（fall in love）」ような恋愛やセックスについての本ではなく、愛することについて教育的に書かれている。愛は恋人のみならず家族、社会にまで広がるもので、自他への「愛」のあり方として対象への配慮、尊敬、知識、責任（responsibility）などを挙げている。日本では先の大戦中、「愛国」という言葉がさかんに使われたため、戦後は一時的に愛という言葉自体がタブーとなった。

スペインが三〇〇年以上にわたって植民地支配したフィリピンで生まれ育ったホセ・リサールはスペインに留学して医師となり、反植民地・独立運動に取り組んだ。これは当時の支配者からすれば裏切り行為であり、大逆罪に当たるが、彼が一八九六年に三五歳の若さで処刑されてからの評価は正反対であり、世界各所に記念碑が立てられている。彼の生涯はユダヤ教を裏切り、ローマ政府を背景としたユダヤ寄り総督に対する大逆罪によって十字架に掛けられたイエスに重なる。イエスは復活信仰によって宗教化され、リサールは世界的に英雄として讃えられている。

リサールはキリスト教信仰に基づいて独立運動に取り組み、処刑前夜に書いた詩には「信仰に生きることは時には辛い、苦行であろう」と書いている。彼は小説でカトリックの宗教組織や神父、修道会の弊害について述べ、特に悪評高いスペイン人のダマーソ神父については「僧服を着ている神父」と述べている。これは植民地政策にキリスト教が利用されたことを示している。

新約聖書によるとイエスは自ら病人を治し（マルコ一章四一節、ルカ七章一三節）、罪人を許し（ルカ一五章一一節）、人への憐憫と愛を表わしたという。また『ルカによる福音書』一〇章二五〜三七節にあるたとえ話は「善きサマリア人のたとえ」と言われている。それは次の通りである。

イエスは答えて言われた。「ある人がエルサレムからエリコに下って行く途中、強盗に会い、彼は衣をはぎ取られ、殴りつけられ、半殺しにされ、おき去りにされた。たまたまある祭司がその道を下って来た。彼はその怪我した人を見ると、反対側を通って行ってしまった。同じように一人のレビ人も、その場所に来て、彼を見ると、反対側を通って行ってしまった。ところが、あるサマリア人が、彼のところにやって来た。彼を見ると、哀れみに動かされ、彼に近づき、その傷に油とぶどう酒を注いで包帯をしてやった。彼を自分の家畜に乗せて、宿屋に連れて行き、世話をした。さて、あなたは、この三人のうちのだれが、隣人になったと思うか」彼が言った、「その人に慈悲深い行いをした人です」。そこでイエスは言われた。「あなたも行って同じようにしなさい」。

歴史ではサマリア人がイエス一行に宿を貸さず、キリスト教徒がサマリア人を虐殺した。イスラエルとパレスチナはこのような歴史を引き継いでいる。

隣人愛は愛の実践を意味する（新約聖書『ヨハネによる福音書』四章一〇〜一二節）。隣人を助けるとは、神から授かった愛を隣人に示すことである。人間的に考えて、「敵さえも復讐せずに愛せよ」（新約聖書『マタイによる福音書』五章四三～四四節）というイエスの言葉を実行することは難しい。テロは外側から見れば復讐であるが、内側から見れば自民族を愛するための闘争である。民間信仰、儒教、仏教などにおいて日韓はそれほど異なっておらず、通じ合うところがある。

自己に対して肯定的でありながら相手の人格、尊厳、価値を尊重することがエーリヒ・フロムの「愛」の概念である。「あなたの隣人をあなた自身のように愛せよ」。あるサマリア人の律法学者がイエスに「わたしの隣人とはだれですか」と問うた。愛はキリスト教における最も核心的な教えであり、神と人間の関係において必須である（新約聖書『ローマ人への手紙』一三章八～一〇節）。すべての愛は神の愛から始まる。人間はこの愛に基づき、隣人を誠実に愛さなければならない。

「左頬を殴られたら（侮辱）右頬も出せ」（新約聖書『マタイによる福音書』五章三八～四二節）というのは説教としては難しいテーマである。ただ聖書に書いてあると紹介するのか、あるいは信徒とともに考え、その価値観を共有するのか。説教を聞き、聖書を読んで理解するだけではなく、その価値観で生きるのがクリスチャンである。

現在はかつてのように、牧師や宣教師たちがキリスト教の伝道のためにシャーマニズムを研究することはほとんどないが、クリスチャンの信仰心が強くなればなるほどシャーマニズムに近づいていく。韓国のキリスト教会は国外で宣教活動を行うと、民族主義が強くなっていく。キリスト教は普遍的な世界宗教であるが、地域によってはそこに住む民族の信仰が中心となる。

†キリスト教の貞操

処女マリアは性のモラルが厳しく、イエスは独身主義者のようであるため、それを侮辱するような小説や映画などがある。私は聖書を読み始め、イエスがセックスについて語る際の「姦淫」などといった言葉に違和感を持った。イエスは配偶者以外の者への性的関心および自慰行為は「地獄に堕ちる罪」であるとしている。ヨハネはイエスの「言行」を紹介している。

既婚者の婚外の性関係は厳しく禁じられ、十戒では姦淫してはならないと厳しく戒めている。姦通の現場で捕えられた女を連れて来て真ん中に立たせ、イエスに言った。「先生、この女は姦通をしているときに捕まった。こういう女は石で打ち殺せと、モーセは律法の中で命じています。あなたはどうお考えになりますか」。イエスは言った。「あなたたちのなかで罪を犯したことのないものが、まず、この女に石を投げなさい」。するとみな立ち去った。イエスは彼女に「これからはもう罪を犯してはならない」と言った（新約聖書『ヨハネによる福音書』八章一〜一一節）。

「あなたがたも聞いているとおり、姦淫するなと命じられている。しかし、わたしは言っておく。淫らな思いで他人の妻を見るものはだれでも、すでに心の中でその女を犯したのである。もし、右の目があなたをつまずかせるなら、えぐりだして捨ててしまいなさい。体の一部がなくなっても、全身が地獄に投げ込まれないほうがましである。もし、右の手があなたをつまずかせるなら、切り取って捨ててしまいなさい。体の一部がなくなっても、全身が地獄に投げ込まれないほうがましである。(中略)不法な結婚でもないのに妻を離縁するものは誰でも、その女に姦通の罪を犯させることになる。離縁された女を妻にする者も、姦通の罪を犯すことになる」(『マタイによる福音書』五章二七〜三二節)。

私は、このあまりにも有名な逸話は儒教と似ているものの、一方で大きく異なっていることに気付いた。韓国人の貞操観は西洋的な禁欲主義とは異なり、父系制による男尊女卑に由来するイデオロギーが強く、それは現在もなお強く残っている。もともとは女性の貞操のみが強調され、再婚が禁止されていたが、戦後に女性の権利が向上した。これにより男性の浮気や買春がタブーとされ、性倫理が導入されることになった。さらにキリスト教化により禁欲思想も入ってきたと思われるが、これも儒教思想を根本的に変えることはできなかった。このような社会で生きにくさを感じる女性、たとえば売春婦の中には日本やアメリカへ脱出しようとする人もいる。

韓国社会における貞操とは主に女性の純潔を指し、ここでは自慰や夢精などがタブー視されている。韓国の伝統的な社会において貞操は重要な性倫理であり、現代社会でも守節は処女および既婚女性の貞操として重視されている。

結婚の儀礼の中で新婦の純潔性を示す社会もある。たとえば地中海の諸社会では一九三〇年代まで、初夜の翌日に血の付いたシーツを外に見せる慣習があったという。これは家族の結束が強い家父長社会において、男性が女性を支配する因習と解釈されている（崔吉城「韓国人の貞操観」諏訪春雄編『アジアの性』勉誠出版・一九九九年）。このような「女必従夫」（夫には必ず従うべきである）、「不事二夫」（再婚禁止）の夫に対する性的な美徳を批判的に分析する際、守節は忠誠ともつながるとして評価したことがある。

儒教では男女の性差を厳しく保っており、「男女七歳不同席」として男女の性関係を遠ざける。特に女性の貞操については厳しく、男性に対しては緩い。これは儒教を理想とする父系社会において、父系の純潔性を守るためにも重要であった。

啓蒙思想やキリスト教などにより、法律的には離婚・再婚も可能となっているが、一方では伝統的貞操観が根強く、現代社会における性的な乱れを是正するため、伝統的な貞操観を回復すべきであると主張する者もいる。韓国では日本のようにフリーセックス、ユニセックス、同性愛、性教育、性商品、ポルノ、ヘアーヌード、水子信仰（仏教との関係）、エイズ（AIDS）、男性の女装、セクハラなどはそれほど一般化していない。

†結婚と守節

聖書によれば、人がまだ婚約していない処女を誘惑し、彼女と寝たならば必ず結納金を払い、自分の妻としなければならない(旧約聖書『出エジプト記』二二章一六節)。人が妻をめとり、彼女のところに入った後にこれを嫌い、虚偽の非難をして彼女の悪口を流し、「私はこの女をめとって近づいたが、処女の証拠がなかった」というならば、その娘の両親は処女の証拠を携えて町の門にいる長老たちに差し出し、娘の父は長老たちに「私は娘をこの男と結婚させましたが、彼は娘を嫌い、娘に処女の証拠がなかったと言って、虚偽の非難をしました。しかし、これが娘の処女の証拠です」と証言し、布を町の長老たちの前にひろげなければならない。町の長老たちは男を捕まえて鞭で打ち、彼に銀一〇〇シェケルの罰金を科し、それを娘の父親に渡さねばならない。彼女は彼の妻としてとどまり、彼は生涯、彼女を離縁することは出来ない(旧約聖書『申命記』二二章一四〜一九節)。

韓国では李朝時代、未婚者として処女や童貞を守ることが難しい中でカトリック信者として信仰生活を送るため、偽装結婚・偽装寡婦のような形を取り、信仰を守ったという例がある。これは現代の独身主義者とは異なり、伝統的な結婚制度や男尊女卑に対する抵抗意識によるものではない。カトリック史において、結婚を偽装して童貞を守ったことには重要な意味があるが、これは制度自体の改革ではない。

　現在、若い世代が処女性を尊重するのは儒教の教えによるが、韓国人の貞操観念がそれとはまったく異なるプロテスタント・キリスト教によって保たれていることは非常に興味深い。韓国人・中国人はなぜ処女性（virginity）あるいは婚前性交にこだわるのか。韓国では処女膜復元手術が流行しているという。貞操は性関係自体を制限するわけではなく、あくまで相手を制限する意味で使われている。

　ほとんどの社会で女性の貞操を重視するが、逆に男の貞操を重視する社会もある。キリスト教には男の性欲を抑制する倫理があり、童貞が重視される。それが拡張されたものが「童貞女マリア」信仰であろう。だが、イエスは処女マリアによって生まれたという処女懐妊説は、あくまで信仰上の教義である。

†儒教とキリスト教の「孝」

「孝」の基本は子の親への普遍的な愛であるが、儒教とキリスト教では考え方が異なる。儒教では「孝」を「親からの恩」と「報恩」の関係から考え、相互的な愛とは親から受けた恩の多寡によって報恩がなされることを意味する。父母からの恩とそれに対する報恩は無限であるとするならば、親から多くの財産を相続した人の「孝」は大きくなり、その逆もしかりである。

儒教の伝統的価値観が支配的であった韓国においてキリスト教は激しく弾圧され、多くの信者が殉教した。儒教では親への孝として死後も祭祀を行うが、キリスト教はこれを偶像崇拝と見なす。

儒教においては父系論理が基本であり、「息子の父親」への愛は「孝道」とされるが、巫俗信仰における父母への愛は「孝心」である。一方、キリスト教における「孝」は相互的ではなく、普遍的な愛を強調する。

儒教とキリスト教では死者、とりわけ幼児や未婚、未成年の死霊に対する態度が異なる。キリスト教ではあらゆる死者を追悼するが、儒教では幼児、子供の死者を追悼の対象としない。儒教では血縁関係を重視するが、キリスト教では血縁関係を超越した霊的関係を重視する。

儒教の父子関係を基礎とする祖先崇拝が生物学的関係の抽象化であるならば、キリスト教の父子関係は人間的血縁関係の象徴化であり、後者は仏教における出家と同様に、血縁関係を超えて象徴世界に入っていくことを意味する。儒教とキリスト教の父子関係は大きく異なり、互いに符合させることは難しい。「父母を恭敬しなさい」というキリスト教の「孝」の倫理は、生前の倫理を強調する点においては儒教と共通するが、死者に対する両者の態度は大きく異なる。キリスト教は「孝」を死後まで延長しないが、儒教は死後も追慕し、儀礼化する。聖書では生きている父母に孝行することについては言及されるが、死後については言及されない。

†儒教の死生観

現在、韓国では葬式や祖先祭祀のあり方が変化しており、病院での葬式が増えている。かつては病院で死亡した場合には客死とされ、自宅で死ぬことが推奨された。そのため余命いくばくもない人は自宅で臨終を迎えることが一般的であったが、現在では病院で死んでも自宅へ帰さず、病院で葬式を行う。そのため、自宅で死亡したにもかかわらず病院の葬式場へ移送することもある。また、小規模な病院で死亡した死者を葬儀設備が整っている別の病院の葬式場に移送することも少なくない。

病院の葬式場のほうが弔問客を効率的に接待できるという。韓国の葬式では哭くのが一般的であるため、自宅で行えば隣近所に迷惑をかけることになる。病院の地下葬儀場であれば駐車場も広く、参列者にとっても便利である。人々の健康を担う病院が死を扱うことについての議論が十分になされないまま、営業面から行われているようである。近年では寺も今までなかった納骨堂を持つようになっている。

儒教倫理における敬老思想（崇敬）と幼児蔑視（孝子）は対照的である。もともとこれらは相関関係にあったが、やがて崇敬のみを強調し、慈愛（児童の人権）を尊重しなくなったと言う。一九二〇年代から児童の人権の尊重を訴える社会運動が始まり、子供の日（五月五日）が制定された。キリスト教において人間は神の子であり、イエスは神の子としてこの世に送られてきた。聖書には次のように書かれている。「子供たちのようにならない限り、決して天の御国には、はいれません」（新約聖書『マタイによる福音書』一八章三節、同『マルコによる福音書』一〇章五節）。

長生きが人間にとって最大の幸福であるならば、短命・早死は最も不幸である。幼くして死んだ子供の霊魂は恨みを持ち、人に付いて祟る。子供のみならず、すべての死者は恨みを持つと考えられている。

幼児のまま死んだ場合、ひとりの人間を失ったという喪失感はさほど大きく表現しないが、これは霊的存在として重視される。その象徴的な例が童参説話である。これは親の病気を治すために自分の息子を煮込んで飲ませたという昔話で、親に比べて子供の命はたいしたものではないという韓国の価値観・社会構造を反映している。韓国で子供の人権が意識されるようになったことには、キリスト教も大きく影響している。

また、シャーマンの口寄せを通して語ることもある。シャーマニズムでは幼児、子供の霊的存在は重視されている。祟るということは、祟る側も祟られる側も母子の関係にこだわっているということである。死んだ幼い子供の霊を降ろし、子供の声で語る太主巫の口寄せでは神の言葉をシャーマンの声で語るが、それによって神聖さが強調される。

†キリスト教の死生観

キリスト教では老人の葬式と幼児の葬式は平等に行われ、聖書に子供に関する話が多いのは、イエスが神の子であり、人間も神の子とされているからであろう。また未亡人や処女、病人の話も多い。キリスト教ではあらゆる死者を追悼するが、儒教では幼児や未婚、未成年の死者を追悼の対象とはしない。

儒教は父系主義であるが、キリスト教は男女平等主義であり、女性信者を増やした。たとえばキリスト教では未婚者や乳児の死も追悼されるなど、儒教では及ばない部分を補っており、二つの宗教は相互補完している。韓国のキリスト教化には、もともと信仰的な基盤をなしていたシャーマニズムなどが作用していると考えられる。

「死んで葬られ、よみに降り、三日目に死人のうちよりよみがえり、天に昇り、全能の父でなる神の右に座したまえり、かしこよりきたりして生ける者と死にたる者とを審きたまわん」。

キリスト教ではイースター（復活祭）、儒教では子孫繁栄と祖先崇拝、仏教では輪廻転生の思想があり、これらには人間は死してなお生きるという希望が込められている。イースターはイエスが十字架に掛けられてから三日目に復活したことを記念する日であり、イエスは「命と光」であるという信仰が核心にある。

科学的・功利的な考えを持つ人からすれば荒唐無稽な話であろうが、イースターには「死後の世界」を肯定する思想が潜んでいる。ある高齢の人は「自分は名誉も真理もいらない」と言っていたが、そのような考え方は非常に危険である。私とともに世界がなくなるのでは、文化が蓄積されていかない。私は死んでも愛する人やこの世界が繁栄することを願う。イースターはキリスト教徒だけの記念日にとどまらない。

命は個人が処理すべきものではない。キリスト教において命は神のものであり、個人のものではない。よって自殺は人間の命を軽く扱う行為であるとして、他殺以上に問題視される。旧約聖書にはアブラハムの信仰として、一人息子を神様に生贄《いけにえ》として捧げるという話があるが、その真意を汲み取ることは難しい。ジョルジュ・ボドとツヴェタン・トドロフはスペインからの植民者たちが無抵抗な原住民のインディオを生贄としたことについての記録を分析している(『アステカ帝国滅亡記――インディオによる物語』菊地良夫・大谷尚文訳、法政大学出版局・一九九四年)。

人は死をどう迎えるか。ジョン・ヒントンの『死についての諸問題』では次のようなケースが挙げられている。教職を辞した女性は癌であることを受け入れて死ぬが、クリスチャンの男性はそれを拒絶したため、苦しんで死んだ。また、看護師である私の妻によれば次のようなケースもある。ある病院にプロテスタントの牧師とカトリックの神父が癌で入院した。病状について告知することは病院の方針であり、両者ともそれを望んだため告知をしたところ、牧師は死を迎えるにあたって身辺整理し、日々の行いを正したりしたが、神父は告知されたその日に飛び降り自殺した。

現代人は不老長寿の研究に熱心であるが、その一方で死の迎え方についても考えるべきであろう。宗教や信仰だけで死という問題に対応することは難しく、やはり各人の心の準備が必要である。たとえばアメリカでは、大学の死生学の講義で死について教えるという。

†儒教の祖先崇拝

このように、儒教とキリスト教では死に対する態度が大きく異なる。キリスト教は祭祀を偶像崇拝であるとして否定するため、儒教の祖先崇拝と対立し、天主教(ローマ・カトリック)の伝道活動は苦難の連続であった。一七四二年に祖先崇拝を認定しないというローマ教皇庁の判決が下され、祖先崇拝はキリスト教と正面から対立した。

丁若鏞《ジョンヤギョン》は「偶像を崇拝するな」という教えを守り、「天主すなわち唯一神を信じなさい」と唱え、伝統信仰を否定した。全羅道珍山郡のキリスト教信者・尹持忠は喪礼を終えてから神主をまつる祭祀、母親の祭祀を拒否した。これは当時、国教であった儒教を否定する行為とされ、一七九一年に絞首刑となった。

その後も多くの殉教者を出しながら天主教は土着化したが、李王朝は儒教の精神を保護し、引き続き天主教を排斥した。天主教の弊害を防ぐため、百姓に下した「斥邪綸音《チョクサユンノン》」は次の通りである。

「斥邪綸音」

父なく誰が生まれ、母なく誰が大きく成長するだろうか。天主教の信者たちは肉親の父母を自分の生みの父母といい、天主を霊的父母という。親愛崇奉することはあれ（天主）にあり、これ（肉親の父母）になく、肉親の父母をおのずから断ち切ってしまうとは、この血気の倫に耐えしのぶことができようか。

祭祀とは遠い祖先を礼讃し、祖先に報答する礼であり、孝子はその両親の死を耐えしのぶことができない。あの方（天主教徒）たちは位牌を壊して祭祀を行わず、死者など知ったことではないと言うが、それでは彼らが言う霊魂は何に頼るのであろうか。虎は猛々しい獣であるが父子の情があり、狼も賤なものであるがまた然りである。祭祀の儀礼があるにもかかわらず、あの方たちは虎や狼のようでもなく、丸い頭と四角の足をもっていながら人の良心がない。どうしてこのようになったのか。

父母に仕えることや祭祀は人間が動物と区別される最も基本的倫理であり、これを否定する天主教は動物にも及ばないと主張している。キリスト教側の主張である「上宰相書」は次の通りである。

「上宰相書」
父をないといい、王をないというのでは聖書の教理の意味を知ることができない。十戒の第四で父母を恭敬しなさいと言っている。忠孝の二文字は万代に代わることはできない。父母を奉養することは子供が当然すべきことである。父母につかえてその力を尽くし、忠を王に向けては身体を捧げ、生命を捨てて沸いた湯に飛び込んでいき、火を踏むこともあえて避けない。これと同様にしないならば教儀戒命に反する。無父無君の学であろうか。(中略)死んだ人の前に酒と食べ物を供え置くことは天主教の禁ずるところである。生前の霊魂も食べ物を食べられないにもかかわらず、いわんや死後の霊魂をや。食べ物は肉身に捧げるものであり、道徳は霊魂の糧食である。至極に孝誠を尽くす息子であっても、おいしい食べ物を眠っている父母の前に捧げることができない。眠っているときは食べない。死んで横たわるときがそのようなのに、いわんや深く寝入ったときにおいてをや。息子になる者として虚であり仮である礼をもち、どうしてすでに死んだ両親につかえることができるのか。天主教では位牌も禁じている。父母の名前がなぜ重大なものであろうか。正しい理論の根拠がなく、良心が聞き入れられないとして罪を犯しても、罪を天主に犯すことはできない。

†キリスト教思想との対立

キリスト教は儒教と同様に「父母を恭敬しなさい」という孝の基本倫理を持つが、儒教の祭祀には否定的である。儒教の「孝」と天主教の「恭敬」はともに父母の生前によく仕えることであるが、儒教では父母の死後も生きていた時と同様に食べ物で接待する祭祀を行う一方で、天主教では死後、食べ物を供えて祭祀を行うことは適当ではないとする。

天主教は迫害され、神学者の尹聖範《ユンソンボ》は父子関係・夫婦関係を例に挙げたうえで、キリスト教と儒教はいずれも父子関係を基本にしていると指摘した。彼は、聖書における天の父とイエスの関係は儒教の「父子有親《ふしゆうしん》」の関係に対応するとし、天主教の土着宣教を理論の面で支援した。

儒教では人が死んでもなお生きていると信じ、位牌をつくり祭祀を行う。死んでも神になれないという儒教思想は、死んだ人間の復活により人格的神になりうるというキリスト教思想と対立する。キリスト教は唯一神であるため、死者を位牌として祀ることを偶像崇拝として排斥するのは当然である。

儒教では生と死をひとつの次元に置き、連続的なものとして見ているが、キリスト教ではそれは不連続的である。儒教の祭祀組織はすなわち親族組織であり、祭祀の思想は人間諸集団の倫理でもある。それゆえ儒教は倫理中心であるが、キリスト教はイエスの復活を信ずる信仰である。儒教からすれば天主教は不孝であり、天主教からすれば儒教は世俗的な人間関係に執着し、人間の救済を求める迷信である。

天主教は親を敬うという点で儒教と類似するが、前者は後者の祖先崇拝を偶像崇拝と見なし、批判する。そのため両者はことあるごとに衝突し、李《イ》承薫《スンフン》、尹《ユン》持忠《ジチュン》、権《グオン》尚然《サンヨン》などが殉教した。祭祀をめぐる問題により党派争いが苛烈となり、多くの人命が犠牲となった。

一九三九年、ローマ教皇は教書を通じて次のように宣言した。現代においては伝統的習慣の意味合いが変化しており、儒教の祖先崇拝はあくまでひとつの市民的儀礼であり、宗教的儀礼ではない。これにより八十余年にわたって多くの殉教者を出した儒教と天主教の対立は終わり、日本統治下で韓国天主教では祖先崇拝、祭祀を行うことなどが許容された。また、一九六五年に開かれた第二次バチカン公会でも伝統的な儀礼を許容し、寛大に受け入れることを支持した。

一方でプロテスタント（改新教）は祖先崇拝問題に直面している。宣教師たちは当初から福音の原理に基づき、祖先崇拝は聖書に適応しないと見なした。改新教の洗礼を受ける際に誓約する七つの条目の第一が「誠を尽くす崇高な神は他の霊を崇拝することを憎む」とあるため、人々は難しい決断を迫られる。

その後、天主教、監理教、安息教などは祖先崇拝を市民的儀礼として寛大に受け入れ、長老教会も多少はこれに賛成しているが、現在もなお改新教ではそのほとんどが祖先崇拝を否定している。儒教はキリスト教を受容しなかったため、カトリック教会は祖先崇拝を容認することで土着化した。儒教からすれば、キリスト教が伝道の過程で儒教の基本倫理たる孝を取り入れたということになる。

玄相允《ヒョンサンユン》は、李朝は儒教によって滅亡したとし、その理由として門閥主義の強まりにより平等な人材登用が行えなくなり上下階級の摩擦を引き起こしたこと、家族主義の強さから人々が国家や社会について考慮しなかったこと、党争の弊害、職業差別などを挙げている。また、経済面においては商工業を賤業と見なし、原始農業を重視したことも大きい。国はあっても国民がいない。国民が蒙昧かつ貧乏では国を維持できず、外国から侮られることは言うまでもない。そこでキリスト教が近代化の役割を果たした。哲学者の金亨錫《キムヒョンソク》は、キリスト教の受容により男女平等、家族主義を超える普遍的な愛、労働を尊重する価値観などが浸透し、近代化に大きく貢献したとしている。

ここで東アジアの近代化と関連して、キリスト教と儒教を比較して考えてみたい。儒教の倫理や伝統をもって近代化について語ることに、私は矛盾を感ずる。個人にせよ国家にせよ、倫理観を持たずとも経済的に豊かになっているケースが多い。侵略主義・帝国主義によって世界中に多くの植民地を築いた西洋諸国が経済的に豊かになった理由を、倫理で説明することはできない。つまり経済大国と倫理は連動せず、侵略が悪で被植民地化されたほうが善であるとは必ずしも言えない。また、近代化に伴う所得の格差について経済、倫理のみで説明することは不可能であり、政治的・社会的・文化的要因なども考慮に入れるべきである。

†男児選好

韓国において時代の流れに伴い祖先崇拝のあり方は変化しているが、伝統的な男児選好の意識は今なお根強い。祖先の祭祀が行われる限り、儒教的父系制は維持されており、これは男児選好というかたちで中国、韓国、台湾など東アジアの儒教文化圏に存続し、出生性比の不均衡をもたらしている。この伝統は現代社会においてもなお途切れることなく、影響を及ぼし続けている（崔吉城「韓国における祖先崇拝の歴史と現状——男児選好の問題を中心に」『岩波講座　宗教第6巻　絆』岩波書店・二〇〇四年、一八七〜二一三頁）。

男児選好の背景には祭祀がある。嫡長子が祭祀権を持ち、祭主として祭祀を行うが、そこでは庶ではなく宗であること（嫡）、長子であること（長）、男性であること（子）という三原則が基準となる。つまり祭神の本宗の宗子、直系の子孫であり、庶子（正妻ではない女性との子供）ではない者が祭主となる。

子孫は長子と次男以下の衆子とに区分され、長子が祭主になる。子孫を性別で区分し、男性だけが祭主となる。ここには父系血統主義が象徴的に現れている。祖先祭祀ではこれが鉄則とされるため、子孫が生まれなければ祭主がおらず、血統が途切れる恐れがある。宗法と祭祀の両面からその対策が講じられている。

儒教の宗法では子孫がない場合、養子や婿入りなどといった工夫がなされているが、このような状況においても男児が選好される。そのため女性は結婚して早く男児が生まれることを祈願し、女児が生まれてもなお男児を望むことが多い。韓国の食器や屛風などにはよく「富貴多男」という文字が書かれている。「多男」は子孫繁栄、特に男児を産むという意味である。男児は後継ぎとして重要であり、男児が生まれなければ妾を囲う、養子を取るなどせねばならない。日本における天皇の継承問題なども含めて、男児選考についてはさらに深く追究してみたい。

男児選好はバース・コントロール（生まれる子供の数を制限すること）からも明らかである。

現代韓国社会においても伝統的な父系制による男児選好思想は根強く残る。妊娠数と出産数の隔たりから考えると、出生しなかった胎児のほとんどが女児であり、妊娠中に胎児の性別が判明した後、妊娠中絶したことは明らかである。初めての妊娠の時は中絶が少ないが、二、三回目の妊娠時には中絶率が高くなる。

韓国では三〇年ほど前から人口政策・家族計画から性鑑別が広く行われるようになり、年間で二万三〇〇〇名あまりの女児の堕胎が行われているというデータもある。たとえば一九九〇年には三万名の女児の堕胎が行われている。韓国では男児選好により性比の不均衡が起きている。一九八七年以降、胎児の性別検査は法律違反とされているが、二〇一三年、統計庁が人口動態を分析した結果、出産順位別出生性比は、第三子以上を産む場合、正常な性比（一〇三〜一〇七）に近づいてはいるが、依然として男児を出産する傾向が存在することを明らかにした。

人口政策とは出生率を人為的に操作することである。今や出産という自然の営みにおいてバース・コントロールが可能となり、東アジアもまた例外ではない。一人っ子政策の廃止後も出生率の減少が続く中国、少子化に歯止めがかからない日本でもバース・コントロールは重要な課題であろう。

一九九四年に韓国で開かれた国際シンポジウムでは「急激に変化する人口減少と男児選好」というテーマについて議論され、女性への偏見や差別が男児選好として現われている点が注目された。これは妊娠中絶と生命観、性比のアンバランス、人口論など多くの問題点を孕《はら》んでいる。韓国の現状について考察するにあたり、アジアにおける性比の不均衡と社会構造の関係について見てみる。

一般的に男は女より多く生まれるが、女よりも多くが早く死ぬ。これが自然の調和なのか、それとも神の摂理なのかはわからないが、日本人の出生性比はほぼこの比率と一致し、年齢層が高くなるにつれて女性のほうが多くなる。在日韓国人・朝鮮人の男女の割合とその推移も日本人と類似しており、ヨーロッパ西洋諸国のレベルであるという。

男性の方が多く生まれるが、一〇歳ぐらいを境に女性の数が男性を上回る。これは女性の長寿化現象によるものであるが、中国や台湾、韓国などでは日本とは異なる性比の不均衡が起きており、自然な性比が崩れかけている（表参照）。韓国では一九八七年に改正された医療法で性鑑別の結果を本人や家族に知らせることを禁じ、違反した場合には三年以下の懲役が定められたが、これは守られておらず出生性比の不均衡が起きている。

一九八〇年代初めまでは自然な性比であったが、八〇年代半ばから九〇年にかけては女児一〇〇に対して、男児一一七に達した。特に顕著なのは九四年で、初生児の男女の割合は一〇六・一、第二子は一一四・三、第三子は二〇五・六、第四子は二三七・七であった。これは、妊娠した子供が女であれば中絶するからであり、娘だけがいる女性の中絶率は息子がいる女性よりも高い。最終の性比が高いのは、男の子が産まれるまで努力するためであろう。

趙南勲《チョウナムクン》などの研究によると、一九八五年から九二年の間の性鑑別の結果による女児の人工中絶数は一四万七八五六件で総出生女児の六％、年平均は一万八四八二件で、このまま増加傾向が続けば年に二万五〇〇〇件以上になると予測している。

日本で男児選好の問題がそれほど注目されないのはなぜだろうか。日本にも伝統的に男児選好の傾向があるが、娘しかいなくても婿養子という方法もあるからだろう。しかし、天皇家では大きな問題となっている。

韓国では男児選好が社会問題として顕在化しているが、中国やベトナムも儒教により父系制、祖先崇拝などが定着しているため男児選考と考えられる。

日本	1990年	105.0
	1995年	104.9
	1998年	105.1
韓国	1995年	113.4
	1996年	111.7
中国	1970年	105.9
	1975年	106.4
	1980年	107.4
	1985年	111.4
	1986年	112.3
	1987年	111.0
	1988年	108.1
	1989年	113.9

出生性比（女児100に対する男児）

また、女性中心といわれている巫俗信仰においてさえ男児選好であり、巫俗でシャーマンが語る「捨姫《バリ》公主《コンジュ》神話」がそれを物語っている。王と結婚した夫人は妊娠して出産するが、女児であった。後継ぎの男児が生まれることを期待し、七人もの子を産んだがすべて娘だった。王と王妃は期待がはずれ、失望と怒りから七番目の娘を山中に捨てる。すると王が祟られて病気で死にかけ、捨てられた娘は薬を探しに三〇〇里の旅に出る。その娘が親の病気を治し、親孝行をした。この神話は父系社会構造をよく表わしている。

近代化の過程では個人の価値観がしばしば社会通念と摩擦を起こし、葛藤が生まれるが、その一方で前者は後者を合理化し、よりよい方向に変化させる。伝統的な価値観は場合によっては否定的に機能する。また各宗教は教義のみを重視するわけではないため、世俗的・合理的な立場からその非合理を攻撃し、宗教的コミュニティの教権を侵害することは望ましくない。人権侵害と同様、教権侵害もしないように注意すべきであろう。

†死後結婚の意味

死者は、祟ることによって願望を表していると考えられている。たとえば未婚であったことは不幸なことであり、死後であっても結婚を望むと考えられているのだ。特に女性の死霊は恐ろしく、祟る傾向が強いとされている。未婚の死霊の祟りは家族や親族だけでなく、それを越えて地域社会へと拡張されることもある。これは生きている者とコミュニケーションを望んでいるという考え方かもしれない。

村山智順は、次のように述べている。朝鮮人は恨みを持って死んだ人、特に女性の霊を最も恐れ、烈女碑を建てるというような伝説が多い。シャーマニズムは不幸な死者に対して儀礼を

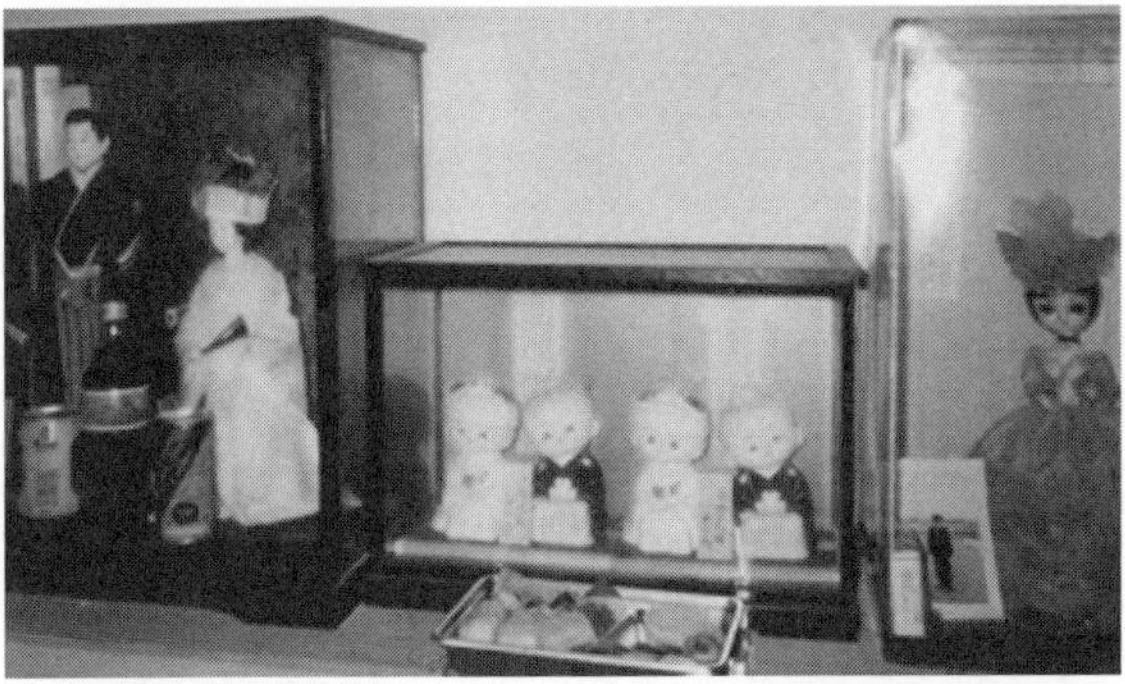

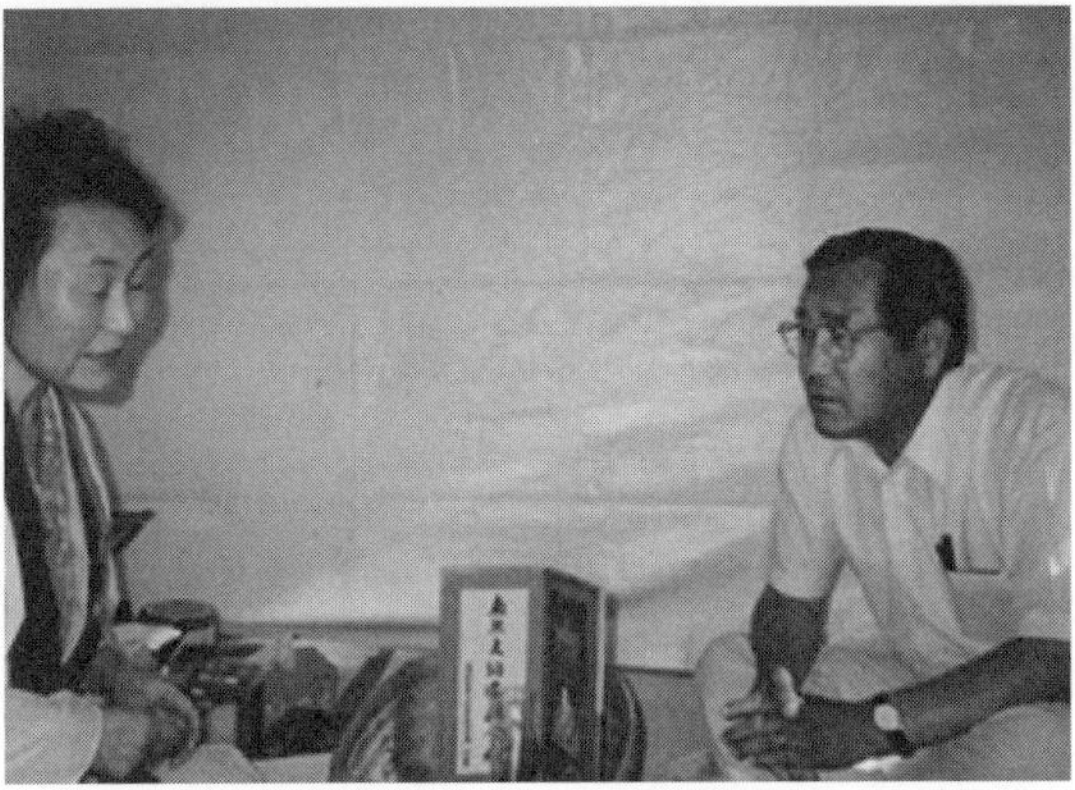

青森のイタコによる死後結婚

行う。場合によっては儒教式の喪の明けと合わせて巫俗儀礼が行なわれる。冥界婚という死後結婚がそれである。

死後結婚は家統の世襲や相続のために行われるが、もう一つ重要なのは死者の怨恨を晴らすためである。韓国の済州島で行われるものは前者の祖先崇拝的なものであり、東海岸地域で行われる(巫俗)儀礼は死者の怨念を晴らすためである。特に不幸に死んだ魂は人間に災いをもたらしやすい傾向を持っているとされ、必ず冥界婚をしなければならない。

未婚死者を結婚させる儀礼に、どのような意味があるのだろうか。独身者が増加している現在でも、韓国のシャーマンによる冥界婚は行われている。

私も実際に、現地調査で体験した例がある。ある女性は夫を早くに亡くし、一人息子の成長だけを楽しみに生きてきた。息子は成人して船の仕事に就き、ようやく独り立ちしたが海の事故で亡くなった。女性は息子を亡くした悲しみのあまり髪を解いたまま夜通し泣いており、その様子を見たクッを行う巫女たちも深い悲しみに包まれた。クッは海辺で夜通し行われた。その様子を見守っていた村のお年寄りたちはその女性を慰めることもできず、一緒に泣いていた。月夜の海辺で、波の音とともに巫女の悲しいバリ公主の歌が響いた。私を含むその場にいた人たちにとって、その夜は忘れがたいものとなった。死後結婚は沖縄や中国、アフリカなどにも見られる。

人形を用いた死後結婚

北村皆雄監督の映画『冥界婚』（二〇一六年）は船上で亡くなった青年の霊を慰めて結婚させ、あの世に送る儀礼を記録したドキュメンタリーである。一九九九年、韓国の東海岸にある慶尚南道清河《チョンハ》で三四歳の韓国人男性・朴氏が遠洋漁業で行方不明となった。彼は漁業中に事故に巻き込まれたということであったが、家族は真相を明らかにするとともに、その男性の死後結婚を目的として巫俗儀礼を行った。失恋が原因で自殺した二七歳の女性の位牌を迎え、人形を用いて死後結婚式が行われた。仲人に当たる人が前に出て、その二人の魂のためにクッをするという。死後結婚には結婚生活を経験できなかったことの恨みを晴らすという意味があるが、これは結婚という通過儀礼の重要性を如実に示している。

海に落ちたのは事故なのか、それとも事件なのか。男性の家族はそれをムーダンに占ってもらうことを強く望んだ。まず魂が海に溺れてしまったため、救い戻さなければならない。海上事故が起きると漁業協同組合から補償金が支給されるが、それを家族がすべて使ってしまうと死者を「食いものにする」ことになると言われているため、金額の三分の一程度を使って巫俗儀礼をするのが通例となっている。船員が集団で事故に遭った場合には集団慰霊祭として行われる。遺族を慰める方法としてはクッが良いとされ、これにより和解することが多い。

涙、泣き、哭が続く中でシャーマンが口寄せをする時、緊張感が走った。占いで「朴氏は殺された」という結果が出れば、刑事事件に発展する恐れがある。死者と生者の感情が交錯し、哭と恨の世界が現出する。深夜にもかかわらず海辺には大勢の人が集まった。神降ろしと巫女の祈りによりクッは和解のムードを作り出し、無事に終了した。これは人間文化財・金石出氏グループの貴重な記録である。

第 5 章

シャーマニズムとキリスト教の調和

世界最大の信者数を擁する純福音教会(汝矣島)

†シャーマンの踊り

以前は巫俗は迷信、キリスト教は宗教と見なされていた。李仁植《イインシク》の小説『血の涙』と『べべンイクッ』はシャーマンの詐欺性をテーマとしており、その非合理的要素を暴露している。

儒教は基本的に生きた者に対する親孝行を説き、その延長線上で死者に対する祭祀を行う。死後の世界を否定しているわけではないが、死者に対する儀礼がほとんどない。上の世代を尊び、宗家・宗統を優先する父系原理が重視され、下の世代が上の世代の祭祀を担い、それは父系中心で行われる。

一方、不幸な死への関心が高いという点においてキリスト教はシャーマニズムと軌を一にし、相互補完関係を維持している。これは宗教倫理という側面からも注目されるべきであろう。

幼児や子供は成熟した人間ではないため、死霊となっても祟る力が弱いと考えられている。しかし飢え死にした怨霊として祟るという信仰があり、それを恐れて祀るようになったという。シャーマンの話では、小児を飢え死にさせたり、舌を切断して殺したりしてその死魂を憑依させる話もある。幼児・子供の死霊を空唱巫というシャーマンが降神させて占う。祟り信仰を通して子供の死霊が意識されることになる。

儒教における代表的な社会的規範の一つとして「長幼には序あり」というものがある。年長者を敬う敬老思想（崇敬）と幼児への慈しみ（敬愛）はもともと相関関係にあったが、やがて崇敬のみを強調し、児童の人権を尊重しなくなったという。一九二〇年代から金起田《キムキジョン》、李敦化《イドンファ》などが中心となって儒教倫理を非難し、児童の人権を尊重する社会運動を起こし、子供の日（五月五日）の制定や教育によって子供の人権が意識されるようになった。ここではキリスト教の影響も少なくなかったと思われる。

成人に達したものの未婚のままで死んだ霊をモンダル鬼神といい、先述したように特に未婚の女性の祟りは強く恐ろしいということで死後結婚させるという風習がある。これは世界各地に見られ、特に中国、韓国、日本など東アジアの社会には類似した風習がある。生前に結婚できなかったことを恨んで、生者に取り憑くことを恐れ、シャーマンに頼んで死霊の恨みを和らげてもらう。これは、死霊の祟りが禍をもたらすという信仰に基づいている。

クッに劇的な場面が多いのは事実であるが、巫舞や巫歌を芸術として捉えると核心から外れる恐れがある。たとえば「ムーガム」（神楽踊）ではシャーマンではない一般人がシャーマンの服を着て踊り、これによって神恵《しんけい》が身につくとされている。祈願者を筆頭に一人ずつ順番に踊るが、近頃は見物人もお金を出せば踊ることができる。「クッはしても、自分と一緒に暮らす嫁はいつもつつましい姿であってほしい。長男の嫁が踊る姿は見たくない」という言葉がある。「ムーガム」はほぼ女性による祭事で、嫁いできたばかりの嫁から年老いた女性まで幅広い世代が参加できる。

朝鮮時代のように男女の区別が厳しく、女性の地位向上が望めなかった時は、女性が踊る機会はまったくなかったが、クッでは神の恩恵が与えられるという理由でそれが可能となった。巫儀では神の威厳を備えた激しい舞を披露し、参列者を興奮状態に追い込む。舞楽器の中で舞を最も刺激するのはシンバルである。華やかな神服をまとった巫女は両足を揃えて飛び上がり、時には鋭く研がれた刀の上に乗ったり酒を飲んだり、三枝槍《サンジチャン》や青龍刀で突き刺すようなしぐさをしたりする。跳踊のテンポは徐々に速くなり、やがて神が降りてくる。神が降りると踊りを止め、神託の「コンス」(口寄せ)を語る。

巫女の舞は秩序から無秩序へと推移し、神を降神させる。シャーマニズムの儀礼では神を降ろすまでの過程に焦点が当てられ、神の境地に至るまで歌舞が行われる。神が降りてくる頃には歌と踊りの枠を超え、大音響のクライマックスとなる。

初めは歌詞の朗唱であったものがいつの間にか歌、踊りとなり、ついには歌詞を失い、躍動的なリズムのみで進められる。神の降臨において巫歌は重要である。歌詞で意志を伝える部分があるが、進行するにつれて歌詞は徐々に少なくなり、神降ろしに至ると歌詞は極めて少ない。長いクッ全体で見ると、歌詞はごくわずかである。

また、舞が行われている時も巫歌は非常に重要である。巫歌には神話、会話、説話があり、降神または霊感神霊の境地では口寄せなどで愚痴が語られることもある。哭と音楽はつながっており、泣き声から歌へと変わっていく。巫女は激しい踊りと音楽を通して神秘的な境地に至り、神を降ろした後は鈴を振りながら神がかりの状態で口寄せをし、祝願を語ることもある。

キリスト教にもクライマックスがある。在日教会ではクリスマス音楽礼拝後の祝賀会で、時折乱場が起こる。人間はリズムによって動き、生活している。シベリア系のシャーマンたちはリズムの強い踊りによって憑依し、韓国や北朝鮮ではこれを「律動」という。アメリカや韓国のキリスト教会では、讃美歌に合わせて律動をすることも多い。

韓国のシャーマニズム儀礼は音楽の伴奏でリズミカルに行われ、轟音と激しいリズムの中で跳舞し、降神する。その場は騒がしく混乱を極めるが、神が降りてくる貴重な時である。賑やかさと踊りの調和はシャーマンだけに見られるものではなく、それは現代韓国社会に生きている。たとえばK－POPの激しい歌や踊りは、これを色濃く受け継いでいるのではないだろうか。

†神託と「異言《いげん》」

口寄せは新約聖書『使徒行伝』二章一一～一三節に出てくるペンテコステの日の「異言」と似ている。キリスト教では一般的に異言はしないことになっている。教会の説教は一種の解説であり、説教者の立場・能力によって違いが出てくる。そのため、聖書を中心とした神学が発展してきた。説教は宗教史的・宗教社会学的な産物であり、説教者個人の神秘性によるものではない。説教では主に宗教的意味などを説明するが、シャーマンのコンス（口寄せ）は神の直接的な宣言、対話で進んでいくため、意味付けや説明は必要ない。

異言はシャーマンのコンスに当たる。教会にシャーマニズム的要素があることをクリスチャンは快く思わないが、これは韓国の教会では避けられないという意見もある。一九五〇年代、朝鮮戦争で甚大な被害を受けた韓国では朴テソン長老のイエス教伝道館復興協会や文鮮明牧師の統一教会、趙鏞基《チョウヨンギ》牧師の汝矣島《ヨイド》純福音教会などが続々と現れ、既成教会も神霊的神秘主義を加味して復興を図った。

一部のキリスト教会、特に伝道集会では聖職者がしばしば異言を行うが、それは神の言葉とされており、口寄せよりも神の意志に接近しているように感じられる。

異言と口寄せは単に話を伝える手段ではなく、神秘性に依拠している。韓国では牧師が異言を語るなど純福音主義が民衆化している。一時は異端とされ問題視されたが、現在では韓国のキリスト教会全体で神秘性を容認している。

涙、泣き、哭が続く中でシャーマンの口寄せでは死者と生者の感情が交錯し、哭や恨の世界が現出する。口寄せは時には占いとして刑事事件に関わり、注目されることがあり、深夜に行われるクッでも大勢の人が集まる。

口寄せはシャーマンと依頼者の対話である。依頼者は口寄せを受ける時、手をもみながら祈り、依頼者に対してシャーマンが回答者となる。シャーマン自身が祈る場合もあるが、それは完全に神が降りて憑依した時に限る。依頼者の代弁者としてシャーマンが神に祈ることが祝願であり、ここでは手を合わせて祈らず、口頭で祈りの言葉を発する。

私は幼い頃からクッをよく見ていて、巫歌の歌詞や口寄せなどの重要な部分を暗記していたため、礼拝の祈りは異質に感じられたが、やがてシャーマニズムもキリスト教も祈りの意味は変わらないと悟った。私は、母やシャーマンの祈りの延長線上にキリスト教会の礼拝の祈りがあると考えている。お寺であれ教会であれ、熱心に祈る姿はシャーマニズム信仰に行き着く。牧師たちはまず、祈禱の深層にあるものについて理解すべきであろう。

巫俗儀礼では降神したシャーマンが泣くことが多い。泣くことについては他著で詳述したためここでは省略するが、哭から音楽に至ることについては触れておきたい。

私が現地調査をしていた時のある夜、海辺の仮設テントで泣き声が一晩中続いた。神を迎えるための踊り、無言劇的なパントマイムは民俗学的・文学的な対象になりうる。降神または霊感神霊の境地で神託、口寄せが行われるが、シャーマンの踊りや歌はどのように形式化され、枠組みが決まっているのか。一九九七年、私は日本民俗音楽学大会で韓国の巫楽について発表した。そこではシャーマンの泣き声が音楽化する過程を例に挙げ、特に葬式での泣き声が音楽化し、葬送曲へとつながったという仮説を述べた。

変身・変格したシャーマンは、さまざまな神となって神託する。

祀られる神々によって巫服や長短説話などが語られた後、神託を語る。クッにおいては他のさまざまな神を受け入れるが、唯一神を信じるキリスト教の礼拝では他の神が祭られる余地はまったくない。この点において多神的シャーマンと唯一神的キリスト教は相反し、前者は包括的、後者は排他的であると言える。

口寄せは神意によって行われる恣意的なものであるが、完全に恣意的なわけではなく、降神された神格を知らせる言葉と神の威厳を知らせる言葉、占卜、予言的な言葉、救助するという約束の言葉など一定の対話式類型がある。したがってこうした類型を無視する信者からは「へぼシャーマンが人を殺す」などと非難される。

シャーマニズムとキリスト教はさまざまな神を受け入れるか否かという点では対立するが、本質的には共通点が多い。キリスト教は普遍的な世界宗教であるが地域によっては民族主義的になり、土着化しやすい。韓国のキリスト教はシャーマニズムと混合している。

シャーマンをはじめとする民間信仰では、神の意志を直接読み取ることが一般的である。そこでは神を代えて応答する、小銭を投げて占う、米粒をお盆にパッと投げて占うなどして神のご教示を確認しようとする。シャーマンが言葉でより直接的に神の意思を伝えるのが口寄せであり、これは神の応答である。

キリスト教とは異なり、シャーマニズムでは口寄せで神がすぐに対応する。シャーマニズムの口寄せでは双方の対話があるが、キリスト教の祈りは一方的かつ説明的である。口寄せの方を好む信者が少なくないのは感情的な訴えや願いが強いからであろうが、知識に訴えて悟りを促す力はキリスト教の祈りのほうが強いと言える。

「空唱巫」「太主《テジュ》巫」と呼ばれる腹話術で語る巫がいる。彼らは唇を動かさず、腹の中で声を出すため「空唱巫」という。子供の神を降ろして占うため、彼らは子供の声で語る。口寄せは神の言葉をシャーマンの声で語るが、「空唱巫」は子供の神が降りるので子供の声で語り、それによって神聖さが強調される。

村山智順は『朝鮮の巫覡』で腹話を科学的に解明しようと試み、空唱巫（腹話巫）の異言について科学的に明らかにした。それは憑依した「神霊の声」ではなく、一種の口笛のような音であるというが、上下の唇を開いて丸める普通の口笛の音とは少し異なる。「神霊の声」を出すには唇を少し開いて上下の歯を軽く閉じ、舌は下顎の上で停止させて軽く呼吸するときく。

†韓国に根付くシャーマニズム

私は一九八〇年代、大邱《テグ》の小さな教会で行われた伝道集会の「復興会」に数回足を運んだ。これは三日間、夜のみ行われ、ソウルから来た牧師は祈りで病気を治す能力があるということで多くの人が集まった。彼は賛美歌「アーメン・ハレルヤ」を随時織り交ぜながら、次のような説教をした。彼が山の中に入り断食祈禱をすると、苛烈だった軍人生活のことが思い出され、涙が自然に出てきた。三日間、飢えのせいか体が病んでいるようで、苦痛な状況の中で何者かの声が聞こえた。彼はこのような聖霊体験を通じて病気を治療する按手《あんしゆ》祈禱（手を頭に置いて神に祈ること）の能力を得て、今では按手でほとんどの病気を治せるという。

信者たちは病気が治ると信じ、説教壇の前に詰めかけた。彼は病人の頭上に手を置き「私が祈るとたいてい罪は清められ、眼病や耳病が治り、口がきけない者も話せるようになり、半身不随の者も信心によって罪が清められて治る」と説教し、「治ったのか？　まだ痛いのか？」とたずねた。女性たちは金銀の指輪を争うように捧げて病気の回復を祈り、寄付金が殺到した。

これは以前、大学で催眠術の実習が行われているところで目にしたことと非常に似ていた。クッでもたまに催眠的な現象がみられるが、伝道集会の「復興会」で見たもののほうがその傾向がより強かった。こうした「復興会」で集まった献金は通常よりもはるかに多く、信者数も倍となり、文字通り教会が復興することになる。

アメリカ人のジェームズ・スカスゲール牧師（韓国名ギイル、一八六三〜一九三七）はキリスト教を土着宗教に昇華させるために努力した。彼は一八八八年に韓国に来て、約四〇年間にわたり人々に福音を伝え、その経験の中で韓民族は聖霊に感動しやすいという点を指摘した。韓国では聖霊運動的な宣教をすればすぐに一〇〇〇人以上集まるが、日本では同様の宣教をしても一〇人ほどしか集まらず、中国では四〇年間宣教しても一〇人も集まらないだろうと言っている。

キリスト教は韓国の風土に非常に適しており、韓国の人々にはキリスト教を受け入れる素地があった。これは韓国のキリスト教の特徴にもつながっている。一九〇七年の吉善宙《ギルソンジュ》による平壌大伝道集会を皮切りとし、金益斗《キムイクト》の伝道集会を経て現在に至る。東学（天道教）の創始者である崔済愚《チョゼウ》の宗教的体験にもシャーマニズム的現象が見られる。

伝統的な教会でも熱狂的な祈禱が行われる傾向がある。特に神秘主義的キリスト教徒は異端と呼ばれるほどである。韓国においてシャーマニズムは消滅せず、キリスト教会の中核部分に息づいている。先ほどの牧師は再三にわたって「巫病の聖霊体験を通して伝道師になった」と言い、私は少々辟易したが、信者たちの反応は非常に良かった。私にとってこれは、シャーマニズムが韓国の人々の潜在的な宗教感情であることを確認する良い機会となった。

キリスト教を外来宗教としてこの地に定着させるため、宣教師たちは積極的な努力をせねばならなかった。これはおそらく、すでに韓国に伝播されていた他の宗教でも同じような状況であったろう。

私は物心ついた頃から母の信仰を信じていたが、キリスト教に改宗し、再びシャーマニズムに出会ったような感覚を覚え、シャーマニズムが教会の成長・発展に貢献していることを実感した。韓国におけるキリスト教はシャーマニズムが土台となっており、教会の成長にシャーマニズム的な要素は欠かせないものであった。

キリスト教は伝道し始めてから神秘主義を信仰の中心とし、難病を祈禱で治療する奇跡を宣伝した。しかし教会の信徒からは異教的であるとして反対された。彼らは信仰が迷信化することを危惧し、祈禱で治療すると称する牧師を免職したこともある。もちろん韓国のすべての教会がそうではなく、長く宣教してもあまり信者が集まらない教会もあるが、教会を興して一年足らずで何十万の信者を得ているところのほとんどは、シャーマニズムにおいて最も核心的な「降神観念」を主張している。

多くのクリスチャンはシャーマニズムを迷信だと言うが、韓国のキリスト教会ではシャーマニズムとキリスト教が混合しており、日本人には異様な新宗教のように感じられるかもしれない。韓国はクリスチャンが多くキリスト教の国と言われているが、私はシャーマニズムの国であると認識している。

シャーマンたちはシャーマニズム儀礼を行うが、彼らが必ずしもシャーマニズム信仰を信ずるとは限らない。死者の墓を作り位牌を祀り、慰霊のクッをすることはあるが、それは必ずしも彼らの信仰心からではない。

韓国は、世界に向けてキリスト教の宣教も行っており、日本の教会もまた韓国から多くの宣教師を受け入れている。韓国のキリスト教会は日本人への伝道に力を入れているが、日本の文化や人々の感情を無視した説教をする牧師も多い。これは西洋の宣教師たちが伝道の傍ら、その土地の風習について研究するのとは対照的であり、彼らに大いに学ぶべきであろう。日本では感情的な説教を避け、人々の理解が得られるようにしなければならない。

韓国キリスト教からすると日本は最も宣教が難しい国であるというが、日本で伝道するのであれば、それに適応する説教方式を研究すべきであるのに、他の方法で人を集めても意味がない。ある韓国の教会の集会はパンフレットやポスターに歌手や奏者の顔写真も出ていたので、多くの人は音楽会を疑わなかったであろう。私もそう思って参加し、説教が始まった時は本当に驚いた。その時、会場がざわめき退場する人もおり、かなり悪評だった。

†聖霊運動

私は一九九二年七月一日に東京の韓国文化院で開かれた日韓文化フォーラムで、「韓国キリスト教とシャーマニズム」というテーマで次のように発表した。

韓国のプロテスタントはキリスト教が忌避する傾向のあるシャーマニズムの神秘主義を取り入れ、これにより教会の急成長をもたらした。そしてシャーマニズム的神秘主義で最も発展を遂げた例として趙鏞基牧師の汝矣島純福音教会を挙げ、その背景には社会的不安、既成教会の求心力の低下などがあったことを指摘し、世俗的な物質主義による欲望の拡大、資本主義経済体制への順応と脱政治化、神のいない聖霊などといった盲信的信仰運動の拡散等がマイナスな影響を及ぼしたことを述べた。神秘主義を除けば宗教性が弱くなり、逆にそれを過度に強調すれば神学自体が無視されるとし、宗教の発展にはこれらの適切な調和が求められることを強調した。

シャーマン的な大規模集会を行う「聖霊運動」という集団が現れたことは、韓国のキリスト教会の非常に大きな特徴である。また、東学（天道教）の創始者である崔済愚の宗教的体験からもシャーマニズム的現象を指摘することができる。彼はシャーマニズムの最も核心的な降神、つまり巫病現象を通じた降神を主張していた。このような降神観念は土着化したキリスト教にも共通し、特に神秘主義的キリスト教やシャーマニズム的な降神構造を強調するキリスト教系宗派に顕著である。

シャーマニズムという神霊主義が韓国キリスト教に与えた影響についての研究も多く知られている。韓国のキリスト教はシャーマニズムと混交しており、聖霊運動にはシャーマニズムのトランス（憑霊）やエクスタシー（脱魂）の要素が含まれている。一般的に巫病という過程を経てシャーマンになるが、「巫病」は医学的な病気ではなく、一種のトランス状態で鬼神と交渉できるようになることを意味する。つまりこれは神から暗示的に与えられる兆候で、神から「巫女になれ」と言われる宗教的・霊的体験である。

一九五〇年代当時、李承晩大統領が貞洞《ジョンドン》教会に出席したというラジオ放送を聴きながらも、私はキリスト教文化を受け入れることはできなかった。クリスマスカードを送りながらも、それがキリスト教文化であることを意識していなかった。都会ではクリスマスの早朝、信者たちが家々を訪ね、門の前でクリスマス・キャロルを歌う。私は夜明けに家の前で歌うということに違和感を持ったが、そのような行事に参加するだけで満足する人も多かった。サンタクロースが子供たちにプレゼントを持ってくるという慣習、行事が普及するのはそれより後のことであるが、教会から発信される信仰的な行事は早い段階で一般化していたため、私はクリスチャンになる前から西洋文化としてクリスマスを知っていたのだ。

仏教国やヒンズー教国でもクリスマスは祝われ、特に日本ではビジネスチャンスとして捉えられている。日本は韓国と比べてキリスト教徒が非常に少ないが、クリスマスシーズンは非常に騒々しく、街ではクリスマスカードが数多く売られている。西欧諸国では一二月二五日にクリスマスを祝う。三世紀頃にはクリスマスは五月二〇日とされていたが、冬至と新年を祝う祭りに合わせて一二月とし、東方正教会は一月七日をクリスマスとしている。

サンタクロースの発祥の地は北欧で、赤い服を着たおじいさんというイメージはコカコーラの宣伝により定着した。イエスの生誕を記念する日は二五日であるが、日本の教会のクリスマス記念礼拝は二五日を含む週の日曜日に行われる。一般社会では日にちを守るが、日本のキリスト教会の多くはその日が平日であればクリスマスを祝わない。

日本のキリスト教信者は一%前後であるにもかかわらずクリスマスが盛大に祝われるのは、宗教的な行事を文化として受け入れているからであり、これはキリスト教の世俗化現象ではない。

二〇一八年一二月〜二〇一九年二月、北九州市立美術館で開催された展覧会「ジョルジュ・ルオー　聖なる芸術とモデルニテ」でルオー（一八七一〜一九五八）の版画集『ミセレーレ』を鑑賞した。クリスチャンの少ない日本での開催にもかかわらず多くの観客が訪れ、静かに鑑賞しており、展示室には礼拝よりも宗教的な雰囲気が漂っていた。美術と聖書に関する知識・関心がなければ鑑賞が難しいのではないかと思ったが、地方都市で、先進国ならではの教養の高さを感じた。カトリックのイコンなどを参考にした「聖顔」は骨太な輪郭線と強い色彩が特徴的で、キリストをはじめ娼婦、サーカス芸人など社会の底辺にいる人々が描かれている。私は銅板の実物と絵を合わせて楽しんだ。

†シャーマニズムとキリスト教の混合

先述したように、私は二〇歳の時、療養生活を送ったことをきっかけに母のシャーマニズム信仰からキリスト教に改宗した。私はシャーマニズムから遠ざかるつもりだったが、皮肉にも教会の中で再びシャーマニズム現象に出会った。私のシャーマニズム信仰は母親の心のこもった祈りであり、それが私に大きな影響を与えていることは間違いない。

たとえばカトリックやプロテスタントから他の宗教に改宗することは背教とされ、厳しい禁制があるが、シャーマニズムにはそのような規制は存在しない。シャーマンはただ「昔の法を捨てずに新しい法を出すな」と言うのみで、シャーマニズムを信仰していた家庭が他の宗教に改宗すれば「家が滅びる」などのタブーがあるぐらいである。私はシャーマニズムの風習・因習の中で育ち、それが信仰であるとは認識していなかった。

私がキリスト教に改宗したのは精神的な成長によるものであり、ごく自然ななりゆきであったが、やがてキリスト教会にシャーマニズムが多く混在していることを知り、大きく失望した。キリスト教は韓国社会に適応するため、シャーマニズムの要素を取り入れたのである。

シャーマニズムとキリスト教の混合は韓国社会を象徴しており、シャーマンのクッは牧師が病気を治す伝道集会とよく似ている。キリスト教とシャーマンの対立はあくまで現象的なものであり、多くの教会では伝道集会が行われている。キリスト教はシャーマニズムをひとつの受け皿とし、これはキリスト教の土着化に大きく貢献した。

日本人が韓国の教会に行くと、騒がしく感じるという。韓国では初期の宣教師による伝道集会「復興会」が人々に熱狂的に受け入れられ、このようなシャーマン的な聖霊運動は韓国のキリスト教を復興させた。クッの中にも催眠的な現象があるが、キリスト教の伝道集会ではそれがより顕著である。伝道集会への献金は通常よりもはるかに多く、信者の数も倍増し、これが教会の成長・発展に役立っていることは明らかである。

聖書にも預言あるいは異言が記されており、シャーマンは時々、我を忘れて行動する。キリスト教とシャーマンの本質はさほど違わず、韓国の多くのキリスト教会は土着化する過程でシャーマニズム化している。教会で行われる病気治癒のための祈りなどはシャーマニズムとほとんど変わらず、聖霊運動と伝道集会により韓国キリスト教は急成長している。

韓国でキリスト教が普及した理由としてはキリスト教の神観が適合していたこと、植民地時代以来、キリスト教が韓国人の精神的活路となったこと、政治、経済、科学などの西欧化が挙げられるが、中でもシャーマニズム的要素は大きな役割を果たしている。

キリスト教は単に儀礼的にシャーマニズムに類似しているのではなく、倫理観・宗教観においても類似している。キリスト教はイエスを神格化しており、これは巫俗信仰そのものである。イエスは社会的に偉大なことをしたにもかかわらず無念にも死刑となったため、宗教的崇拝の対象となっている。巫女はこのような不幸な死を遂げた人を慰め、祀らなければ祟り・禍をもたらすという。不幸な人格神を中心に形成されているという共通点は、キリスト教とシャーマニズムの根信仰を結び付ける土台となる。

終　章

シャーマニズムからキリスト教へ

口寄せ

†シャーマニズムとキリスト教の共通点

私はクリスチャンとしてシャーマニズムを研究することから始めたが、韓国ではシャーマニズムがあってこそキリスト教が盛んとなったという結論に至った。これは、日本の事情とは大きく異なる。

仏教学者の山折哲雄氏は「キリスト教はなぜ日本で定着できなかったか」(『日韓文化論』学生社・一九九四年、頁一三五—一四五)で「仏教と神道が混ざり合って国民情緒化してしまい、キリスト教が日本人に溶け込むことができなかった。歴史的に抑圧されたため」と説明しているが、私も同感である。日本にもシャーマニズムがないわけではないが、韓国と比べてごく部分的であり、それほど影響力を持っていないように思われる。

韓国ではシャーマニズムが生活全般、つまり職業、結婚、留学、出国、離婚、事業、健康などに深く関わっている。たとえば占いの現場では信仰的なものと一般的な相談が混在しており、カウンセラー的な要素が大きい。ある老シャーマンは夫と息子を飢えで亡くすという非常につらい経験をしているが、儀礼では良きカウンセラーとなっている。

イエスも多くの患者を治療しており、それは巫が病気を治療することに似ている。感謝の表現としてキリスト教の聖職者が受け取るのは献金であり、これはシャーマニズムでいう「別《ビヨル》費《ビ》」に当たる。キリスト教では献金は感謝の表現とされているが、シャーマニズムでは福を願う祈福信仰とされている。

現在、韓国キリスト教会で行われる集会はシャーマニズムと区別できないほどよく似ている。霊魂不滅説は共通している。キリスト教における復活は罪意識と倫理的救済に関連するが、シャーマニズムでは死者による祟りと生死禍福が重要な問題となる。キリスト教では死者は霊的世界に存在し、人間世界とは完全に分離しているが、シャーマニズムでは生死禍福と密着している。

韓国教会の聖霊運動はシャーマニズムから多くの影響を受けており、これはキリスト教の変質であるとしてクリスチャンから批判が出ている。今後は集会の動員数ではなく、説教の質を問題視すべきであろう。そうでなければキリスト教の生命倫理、人生観などが本質的な意味で伝わらない。

キリスト教は世界的にも多くの問題を抱えている。まず聖地であるエルサレムをめぐる紛争があり、中近東のイスラエル、シリアなどの地域では依然として戦争が続いている。平和と愛の宗教であるにもかかわらず、紛争が絶えないのはなぜなのか。終末論は脅威であるが、一方で希望でもある。「千年王国」は新約聖書『ヨハネ黙示録』の終末論に由来し、王国は一〇〇〇年ごとに終末を迎え、新しく王国が再建されるという信仰・風説である。これは独裁的な支配者が滅び、新しい政権が生まれることを期待する信仰でもある。

たとえば地上の社会が混乱すれば、苦しい生活を送る人はあの世を「極楽」と信じ、囚人は混乱に乗じて解放されることを期待するかもしれない。現代人は寿命を延長することに熱心であるが、それと同時に死の迎え方についても考えるべきであろう。死者に対して祭祀を行うという点では、シャーマニズムとキリスト教は共通している。

儒教では基本的に親が生きているうちに孝行し、その延長線上で死者に対する祭祀を行う。キリスト教とは異なり、儒教では死後の世界を否定し、理論的には死者に対する儀礼は存在しない。儒教では上の世代を尊び、宗家や宗統を優先する父系原理が重視されるため、下の世代が上の世代を祀る祭祀が、父系中心に行われる。子供の死に対してはまったく無関心である。一般的に子供が死亡しても墓は作らず「母の胸に埋める」と言われている。

韓国の病院では葬儀も行う。人は生きるために病院に行くのに、そこに葬儀場があることに驚く。ある人は「韓国では医療技術の応用、臓器移植など死をめぐるさまざまな変化が起きているが、カトリック教会も含めて宗教界からはほとんど批判が起こらず、むしろそれを推進する声のほうが大きいような気がする。それは、宗教者が生命や死を倫理の問題として捉えていないからなのだろうか」という。韓国ではクリスチャンの人口は多いが、キリスト教の倫理が十分定着していないのだろう。

一九九〇年代、葬儀社が病院の霊安室に関与することにより数々のトラブルが起きたため、病院が直接管理するようになった。大学病院でも病院が葬儀を直接管理している。病院は健康と命を守るところであるが、死を前提にして病院に行くことはヒポクラテスの医療精神に反する。数年前、私はキリスト教の牧師たちの集まりでこの問題について「生命倫理からみておかしい」と発言したが、私の意見に賛同する様子は見受けられなかった。

現代人は死をどう受け止め、向き合っていくべきか。人間性を回復するためにはこの問題を避けて通ることはできない。「死」は終わり、死体は「物」という観念が強いが、遺族にとって遺体は「物」ではない。

†日本と韓国の死生観

滝田洋二郎監督の『おくりびと』(二〇〇八年)を見て、伊丹十三監督の『お葬式』(一九八四年)を思い出した。『お葬式』では初めてお葬式を出すことになった一家の父母への想い、夫婦の愛、子への愛、親族関係や友人・職場関係などが描かれている。『お葬式』が葬式の概論的な映画であるとするならば、『おくりびと』はそのような総論を踏まえた各論的な映画であるように思われる。

『おくりびと』は主人公がオーケストラのチェロ演奏者から納棺師に転身し、成長していく姿を描く。これは、納棺師というあまり知られていない職業から死を見つめた作品である。小林大悟（本木雅弘）は所属する楽団の解散を受けて演奏家をあきらめ、妻とともに故郷の山形に戻る。「年齢不問高給保証、実質労働時間わずか。旅のお手伝い」という社員募集を見て旅行代理店だと思った大悟は応募して早速面接を受ける。面接官の会社社長は彼を見るなり採用を決め、彼は納棺師となる。

この映画からは日本人の職業観、死生観がうかがえる。人は無職状態、つまり無重力な状況では実行力が増し、それがその人の生き方を決めることもある。それにいかに挑戦し、あるいは順応しながら生きていくか。大悟は納棺師になることを決断したが、妻や周囲の理解はなかなか得られない。死と出産は伝統的に黒不浄・赤不浄といわれ、特に死は強い「死穢《しえ》」とされ、近い親族以外の目に触れることがない。死に携わる職業者は社会的に長らく差別されてきた。この映画では死の問題を丁寧に扱うことにより、そうした社会通念に疑問符を投げかけている。

私の故郷では巫女を蔑視することはなく、むしろ尊敬する傾向があった。しかし調査を行った珍島では巫女は洗濯物を干す時、塀の外から見えないようにしなければならないという決まりがあり、私は怒りを感じた。一九六八年に全羅道地域で調査を行い、全羅道巫人と出会った。タンゴルとは世襲の巫人で、彼らは親に教わって巫人となる。私はこの調査を通して、全羅道地域のシャーマニズムがソウルや中部地方のものとは本質的に異なることに気づいた。そこでは巫人の名前・地名などが記されたものを確認し、大徳の巫人たちと出会った。

被差別組織の中でパンソリ（韓国の伝統芸能。物語に節をつけて歌うもの）のような芸術が発展したという事実は無視できない。全羅道地方の巫人の儀礼では音律的な歌が用いられる。世襲の巫人が歌舞を受け継ぎ、発展させてきたという経緯から、パンソリはクッから発生したという説もある。

しかし社会構造の変動、異質化、都市化など時代の変化により彼らは巫人職を捨てるようになり、現在では全羅道の巫人への差別について調査することはほぼ不可能となった。二〇〇九年八月二九日、私は長興郡庁で講演を行った。演壇に立って、多くのタンゴルたちが差別を受けながらもたくましく生きてきたことを思い出し、感無量であった。

私の学究生活のルーツである村山智順と秋葉隆は、ともに社会学に基礎を置いた。そのため南部の世襲巫の発見のみならず、被差別階級としての芸能集団にも注目し、その後の研究に活路を開いた。私は現地調査の中で、北村皆雄監督のドキュメンタリー映画『冥界婚』（二〇一六年）に出てくるものと同じクッをムービーカメラで撮影したが、これは北村監督が撮影した映像とどう違うのか。私が撮影した映像は哭き、泣きが中心となっているが、北村監督は巫俗の霊魂観に着目している。

私の調査には映像資料が不可欠である。私が平壌のキリスト教会で撮影した映像にはゴスペルソングの失敗部分が含まれており、リアリティーがある。アメリカの著名な巫俗研究者であるローレル・ケンダルはシャーマン儀礼を撮影し、ドキュメンタリー作品を製作した。これはまったくカットされておらず、資料的価値が大きい。

†キリスト教のシャーマニズム化

宗教統計によれば韓国ではプロテスタント（一〇〇〇万信徒）の信者は一九・七％、カトリックの信者は七・九％で、キリスト教は第一宗教となっている。単独の教会で世界最多の信者数を擁する汝矣島純福音教会は七七万人の信者を持つ。今や韓国国民の三〇％近くがクリスチャンであり、世界第二のキリスト教宣教大国といわれているが、キリスト教の受容の過程では儒教の祖先崇拝と激しく衝突した。

初期の宣教師たちはキリスト教を韓国に土着させることを目的とし、主に知識人を対象として宣教したが、次第にシャーマニズム信仰を持つ婦女子も対象となった。シャーマニズムとキリスト教は形式・組織の面では大きく異なるが、共通点も少なくない。それは今日、韓国のキリスト教会内で起きているシャーマニズム的現象を見れば一目瞭然である。キリスト教からシャーマニズムへの影響はなく、キリスト教会が土着化する中でシャーマニズム化された。

聖霊運動・復興会における病気治癒のための祈りなどはシャーマニズムと変わらず、これを通じて教会は急成長している。韓国におけるキリスト教の普及についてはさまざまな理由が考えられるが、クリスチャンアカデミー院長の姜元龍《カンウォンリョン》牧師は次のように述べている。

　七〇年代後半からはこのような対立はしばしば変わりました。韓国の教会に関心のある方は、韓国で起きている全く新しい事態に深い関心を示してきましたが、その事態の様相とは、ほとんど奇跡的だと言える韓国の教会の急成長現象です。これは聖霊運動、三拍子祝福、按手治療と逐鬼を通じた治病運動などを内容とする運動で、火炎のように全国に広がり、韓国人が住んでいる世界各地で起きたことです。この運動は韓国教会だけに大きな衝撃を与えることではありません。全世界の教会から注目を集めており、韓国社会全体に否定的または肯定的な反応を呼び起こすようになりました。

（中略）

　このような巨大な流れは、過去のように進歩勢力と保守勢力などで分けることができない現象であり、七〇年代前半までは主に外国、特に米国やヨーロッパなどから入ってきた外来思想に影響を受けたものですが、これは外国との関係がありながらも、韓国内で独自に発生したものがより多い運動だという点で新しい現象と考えるべきでしょう（クリスチ

鳥居龍蔵撮影の巫儀の様子（韓国・国立中央博物館所蔵）

ャン＝アカデミー編『韓国教会聖霊運動の現象と構造』対話出版社・一九八一年、姜元龍『私が信じているキリスト』韓国キリスト教書会・二〇〇五年）。

韓国のキリスト教が急成長した原動力は、国内で独自に発生したという指摘は重要である。シャーマン的な要素はキリスト教の聖霊現象において非常に大きな部分を占めており、複合的に存在している。

復興運動を通じて韓国のキリスト教会は大きく成長した。聖霊運動は韓国のキリスト教のみならず、旧約聖書にも見られる。韓国のドラマや映画では感情が高揚して気絶する場面がしばしば見受けられるが、その根底にはシャーマニズムがある。シャーマニズムには通常の精神状態から恍惚状態、つまりトランス状態に変化するという宗教的な構造がある。劇にはクライマックスが必要で、このような構造はシャーマニズムに限らず、すべての韓国文化の根底にある。シャーマンは鈴や太鼓を打ち鳴らしながら神秘の境界に入り、霊的に変身する。激しい踊りと音楽によりシャーマンは神を降ろす。

鳥居龍蔵は巫女が神の降臨など儀礼の絶頂で乱舞する過程を紹介し（写真）、秩序から無秩序に移り、神を降ろす過程に関心を寄せている。儀礼における舞踊は神の降臨に必須であり、神の境地に至るまで歌舞が続けられる。

†韓国文化に根付くシャーマニズム

儀礼の際、神を降ろす過程では音楽的な枠を超えて雑音・騒音と化し、大きな乱場（ナンジャン）となる。リズムと踊りが極度に達した時の巫女たちの舞には驚かされる。韓国の芸術にもシャーマニズムの要素が含まれており、シャーマンの儀礼は国の文化財となっている。シャーマニズムはすなわち韓国文化であると言っても過言ではない。

韓国の民俗音楽の根底にもシャーマニズムがあり、リズムや旋律にそのダイナミックな精神構造が反映されているサムルノリ（4種の打楽器を用いた韓国の現代音楽）を鑑賞しながら、私はクッを連想する。クッには歌とリズムの伴奏が加わり、舞踊が行われる時はリズムがメインとなり、神を降ろし、もてなし、無事に送り帰す過程まで行われる。特に降神巫のリズムはやがて「ナンジャンパン」となり、クライマックスに到達する。これはすなわち、霊的世界に没頭することを意味する。

ナンジャンは神の降臨を招く音楽として強く印象に残る。韓国ドラマ・映画ではしばしば魂が抜けて気絶する場面を見かけるが、シャーマンの儀礼音楽はその心性を象徴的に表現している。村山智順はシャーマンの機能とクッの形式は高麗時代以前に形成され、すでに定型化していたと述べている。

櫻井哲男氏は日本民俗音楽学会で韓国音楽のリズムを中心に着目し、次のように述べた（櫻井哲男『「ソリ」の研究——韓国農村における音と音楽の民族誌』弘文堂・一九八九年）。音楽の基本は言語と労働のリズムであり、そこに歌詞が付けられて祝言祝歌となり、宗教音楽に発展したケースが多い。韓国音楽のリズムは日本のものとは異なり非常に躍動的で、人々はまずリズムに乗る。古典音楽、民俗音楽、シャーマニズム音楽を含む一般民衆の土着的な音楽に至るまで、朝鮮半島の音楽は共通したリズムを持つ。

巫女の踊りは降神までの過程で理解すべきである。シャーマンが語る「悲念の言葉」をはじめ、祝言、口寄せなどは非常に音楽的である。リズムにはチャング（杖鼓）などで伴奏し、巫歌を唱える時、音頭を取る場合も同様である。歌詞の朗唱のように聞こえたものがいつしか歌、祝言となり、ついには歌詞を失い、リズムだけで進められる。

最初、巫歌の歌詞はある一定の意味を伝えるが、進行するにつれて歌詞は減少し、ついには消えていく。よって、歌詞は儀礼全体では極めて少ない。ナンジャンは神の降臨を招く音楽であり、韓国音楽・韓国文化の特徴が顕著に現れている。激しい動き、旋回、跳躍があり、基本的には上下に飛び上がりながら両手を上げて踊る。アジアの諸民族と比較しても、これは非常に特徴的である。

韓国シャーマンの儀礼の基本は「乱場（ナンジャン）」であろう。決して芸術公演ではない。若い巫女たちが着飾ってテレビに出演しているが、巫舞は基本的に神的な行事であり、芸能ではない。私は調査している時、巫儀における舞踊や音楽を美的なものとして意識したことはない。現在、シャーマニズムの舞踏や音楽が演劇的な面などから注目されているが、これは純粋な姿ではない。

高麗時代の詩人、李奎報《イキウボ》（一一六八〜一二四一）の『東国李相国集』に収められている「老巫編」にはシャーマンが「体を跳ね上げて頭で梁を受ける」という跳舞が出てくる。これは現在知られている文献の中では最も古く詳しい。

この詩は李奎報の家の近くで儀礼を行っていたシャーマンが追放されたことを喜び、歓迎する意味で詠まれた。したがってシャーマンに対して否定的な態度を示しているが、神通力で占って予言する降神巫、儀礼の際に激しく舞を披露する様子などが克明に描写されている。歌舞で儀礼を行い、巫神図で神堂を飾ったこと、シャーマンが激しい跳舞を行ったことなど、詩を通じて高麗時代のシャーマニズムを推測することができる。

韓国舞踊は日本舞踊とは異なり、常に腕を上げてさまざまに動かし、曲線的に休まず動く。シャーマニズムの舞には激しい動き、旋回、跳躍があるが、基本的に上下に動きながら手を上げて踊り、これは韓国舞踊の重要な特徴である。また拍子、メロディー、ダンスという三要素の中でリズムが特に際立っている。若者に人気のK-POPの歌と激しいダンスは、シャーマニズムの歌舞と共通する。

私はシャーマンの儀礼の芸術的な面に着目し、追求することを否定しているわけではない。シャーマンたちのクッは根本的に神的な行事であり、芸術公演ではない。音楽学的研究では採譜が必須であるが、その際は安直に西洋音楽の楽譜・音階を用いず、音楽を柔軟かつ克明に記録できる独自のものを用意する必要がある。

一九六八年に調査した珍島の儀礼は今でも忘れられない。冷たい風が吹く中、シャーマンは夜通し巫歌を歌いながらクッを行った。声が枯れたハスキーな声を聞きながら私はパンソリの唱を連想し、悲しい調べから韓民族の恨みを感じた。クッにおいては音楽も重要であるが、やはりその核心は神と人間の出会いにある。シャーマニズムは「陰祀」「迷信」から「伝統文化」、さらには「文化財」へと社会的に上昇したが、今後も信仰的・宗教的な複合文化をありのままに理解していく必要がある。

†世界最大の純福音教会

現在、韓国では国民の三割ほどがクリスチャンであるが、キリスト教をめぐる歴史は苦難の連続であった。一七八〇年代にはカトリック信者が数多く殉教し、一九世紀末に改新教（プロテスタント）が伝来した。儒教とキリスト教はことあるごとに衝突したが、宗教史的な観点のみで現在の韓国キリスト教会の盛況について語ることはできず、広く朝鮮文化という観点から考えていかねばならない。

宣教師たちは韓国のシャーマニズムについて研究し、キリスト教の宣教、土着化に努めたが、私はキリスト教が宣教によって土着化したとは思えない。そうではなくキリスト教がシャーマニズム化され、それが韓国のキリスト教を急成長させたのである。最近の教会のマンモス化を見れば、それがよくわかるだろう。

私は一九九二年八月、汝矣島純福音教会の趙鏞基牧師夫妻に礼拝堂の壇上でインタビューしたことを懐かしく思い出す。汝矣島純福音教会は単独の教会としては世界最大で七七万人の信徒がいる。「純福音」とは聖霊中心と言う意味で、社会や経済、特に政治的なイデオロギーと

趙鏞基牧師

深くかかわらないことを信条とする。この強化右派教会は社会奉仕、奨学金などで社会に大きく貢献している。

韓国のキリスト教の急成長に関する調査研究の成果として、クリスチャン＝アカデミー編『韓国教会聖霊運動の現象と構造』が挙げられる。これによると韓国のキリスト教は知性的神学を前面に出し、布教に失敗した日本のプロテスタントとは対照をなす。韓国のプロテスタント教会にはシャーマニズムとキリスト教が共存・混在しており、主に宗教的熱狂主義を根元とする心霊復興会によって大きく成長した。

韓国のプロテスタントはキリスト教が一般的に忌避するシャーマニズムの神秘主義を取り入れ、これが韓国の風土と合致し、教会の急成長をもたらした。ここでは神霊的神秘主義を端的に表現する言葉として「通《つう》声祈禱《せいきとう》」（声に出して自由を祈る。その際、異言を語る信者もいる）「聖霊臨在」「異言」「治病」「按手治療」「血分け」「接神」「降神劇」などを挙げ、新興聖霊運動は韓国国内のみならず、韓国人が居住する世界各地に存在することを指摘している。

再三述べたように、韓国のキリスト教の急成長にはシャーマニズムが大きく影響しており、その傾向は特に大規模化した聖霊運動教会に顕著である。韓国ではかねてから巫堂と呼ばれるシャーマン中心の伝統的な民間信仰が盛んである。一九七〇年代以降、近代化に伴いシャーマニズムが迷信であるとして批判の対象となり、表立ってその儀礼を行うことが難しくなったため、シャーマニズム儀礼に参加していた年配の女性たちが教会に通い始めたという指摘がある（伊藤亜人『もっと知りたい韓国』弘文堂・一九八五年、二七八頁）。

†死者との関係の違い

シャーマニズムと聖霊を強調する韓国キリスト教会の類似点は現実的信仰と癒しに現れているが、本質的には相違がある。聖霊不滅説においてシャーマニズムとキリスト教は共通しているが、キリスト教の復活は罪意識と倫理的救済に関連し、シャーマニズムは死からくる祟りと生死禍福を重視する。キリスト教において死者は霊的世界に存在し、人間世界とは完全に分離しているが、シャーマニズムでは死者との関係が近く非常に重視される。イエスが多くの患者を治療したことは、巫堂が病気を治療することと類似している。
韓国教会における聖霊強調はキリスト教の変質であるとして、クリスチャンの中から批判が出ている。韓国キリスト教のこうした側面についての実証的な研究はまだ見られないが、私が一九九三年に参加した長老派に属するある教会の祈禱会では次のような光景が見られた。信者の「通声祈禱」、手をたたきながら、身体を動かしながらの讃美歌合唱（太鼓やトランペットが参加する）、大きな声で「アーメン」と言い牧師の説教に同意を唱える。献金を入れた封筒に名前を書いて入れると、牧師は会衆の前で献金者の名前を読みあげる（これは信者にとって特別な意味がある）。牧師は癒しの祈禱を行い（その際、牧師は信者の頭や肩に手を置いて祈る）、儀礼的に悪魔を追い払う。

韓国の教会では「通声祈禱」や泣き声が多い。これは日本人にはなじみにくい礼拝様式であろう。韓国人からすれば日本人には情がないように思われるが、日本人は「無声涕泣《むせいていきゅう》」、すなわち声を出さずに涙を流す。ここには韓国人の「哭」と日本人の「涙」の対照が見られる（崔吉城『哭きの文化人類学』参照）。

柳東植《ユウドンシク》・徐洸善《ソグアンソン》・鄭鎮弘《ジョンジンホン》・韓完相《ハングアンサン》・金光日《キムグアンイル》『韓国教会聖霊運動の現象と構造』では神学、宗教学、歴史学、医療人類学の専門家たちが汝矣島純福音教会をサンプルとして調査分析している。教会の成長がシャーマニズムによるものであると単純に言うことはできないにしても、それが聖霊のバプテスマと癒しを強調する純福音教会の成長の背景にあることはたしかである。柳東植は序論で、韓国においてキリスト教とシャーマニズムが宗教的・文化的に混交し、キリスト教の世俗的物質主義を拡大させるためにシャーマニズムが貢献し、聖霊運動が脱政治的傾向にあると指摘した。以下、この本から要点を何カ所か抜粋する。

徐洸善はソウル市内の教会の数は喫茶店の数よりも多く、信者数を爆発的に増やす教会はキリスト教の神のいない聖霊、盲信的な信仰構造を持っている（二四頁）。説教では神ではなく悪魔を強調する（三七頁）ことを指摘した。

金基東牧師の説教は退屈で聞くに堪えず、「声を大きく出せ」と言いながら「祈りなさい」と繰り返す。さらには「厄鬼よ、出て行け」と言いながら、厄鬼を払うために信者を叩いて倒す。彼らは起きて「ありがとうございます、ハレルヤ、アーメン」と言う。教会が騒がしくなったのはシャーマニズムが原因である（五六頁）。

キリスト教の聖霊という名の下でシャーマニズム行為をしており、これは構造的にシャーマニズム儀礼と同じである。異言は韓国教会が直面する深刻な問題である（七〇頁）。聖霊がないということにおいて儒教的である「シャーマニズムの活動感が聖霊運動によるキリスト教を活性化させた」（九四〜九五頁）。シャーマニズムは貧しく無気力な民衆に成功の夢を持たせる（九六頁）。

鄭鎮弘は説教の後、治癒のために厄鬼を追い出すと指摘している（一二〇頁）。異言は狂乱的だった（一三三頁）。キリスト教の神の摂理を巫女に現わした（一三九頁）。キリスト教の聖霊を発揮するほどシャーマニズム的となる。

宗教社会学者の韓完相は、シャーマニズムから共同体意識が強まるとしている（一八四頁）。復興会はその典型であり、アーメン、通声祈禱、異言や区域礼拝などを通じてシャーマニズムが肯定的な影響を与え、教会が成長するのに大きく貢献した（一八九頁）。

金光日は、キリスト教とシャーマニズムの疾病観と大きく似ていることを指摘している（二四七頁）。シャーマニズムの治療法と大差がなく、牧師に巫女の役割を望んでいる（二七四頁）。キリスト教の本質から考えて問題点がある（一〇頁）。

韓国のキリスト教にはシャーマニズムの影響が色濃く、シャーマン信仰の土台がキリスト教の定着に大きく貢献している。これはキリスト教の宣教政策よりはむしろ、シャーマニズム的な包容力を持つ信仰構造によるものである。これにより、韓国のキリスト教化の背景にはシャーマニズムがあると言える。

†トランス現象

酒は麻薬に近い飲み物ではあるが、調節して飲めば百薬の長となる。韓国では飲酒文化もシャーマン的であり、人が酔うところはシャーマンの神がかり現象に似ている。完全に酔うまで飲むと神がかったような精神状態となる。酒や麻薬、タバコなどによる神がかり現象は世界中の至るところで見られる。

素面では言いにくいことを、酒の力を借りて言うこともある。私たちは時には気分転換を図るためにも酒を飲む。あるいは音楽に合わせてダンスを楽しみ、徐々に熱が入って神秘的な体験をすることもある。これは日本で言う「ハレ」の状態で、シャーマンの神がかりと同様である。「ケガレ」から「ケ」となり、さらには「ハレ」の状態になる。シャーマニズムもそのような精神状態のひとつである。

トランス状態はシャーマニズムのみならず、宗教現象として広くみられる。韓国では仏教文化も騒がしいものと見なされており、たとえば仏教の説法を「野壇法席」(うるさい)と言う。また儒教式の葬儀は煩雑で賑やかなのが常で、キリスト教会の「通声祈禱」も同様である。このような騒がしいシャーマン文化は新興宗教にも多く見られる。

シベリアのシャーマニズム研究者たちはこのような神憑り現象を「極北ヒステリー」と名付

けた。ソ連時代には多くのシャーマンたちが「極北ヒステリー」のため、激しく弾圧された。これは二〇世紀初め、ロシア帝国がソビエト連邦となる前のシャーマニズムに対する調査研究資料から明らかになった。ソ連邦崩壊後の報告では、シャーマンたちが処罰を恐れてトランス状態になることを避けたという。

トランス現象は医学的には「変性意識」と言われ、これによりシャーマンの魂が肉体から離脱してさまようこともある（脱魂・憑霊）。トランスはシャーマニズムの基本的要素であり、シャーマンはこのような霊的体験を通して神を降ろし、その宗教的な体験を韓国では巫病（巫的陶酔）と言う。

男女を問わず、神意を受けてシャーマンになるべき運命にある人は巫業をしなければ神罰が下る。朝鮮半島には巫病を前提とした降神巫が広く存在し、戦後の韓国におけるシャーマニズムの研究対象は彼らに限られているきらいがある。しかし、一般の民衆にも「人がシャーマンになる」ということは精神文化に組み込まれている。前述の通り、トランス現象である巫病は医学的な治療を要する精神病とは言えず、それは韓国人の宗教的・霊的な文化である。

巫病現象は韓国人、さらには韓国文化の大きな特徴であり、シャーマニズムはそのような精神状態、トランスを基本としている。シャーマニズムのトランス状態は地域によっては必須ではなく、省略されたり変異したりする。

亡者が語る口寄せ（コンス）では死者がこの世を去る時に巫女になり代わり、巫女と祈願者が抱き合って泣くなど死者と遺族の対話となる。これを巫歌で文字化した場合、宗教的感情の伝達が不可能となるが、非論理的かつ即興的な言葉でも音楽に乗せて伝えれば巫歌としての意味を持つ。

教会音楽は多様だが、シャーマニズム音楽は概して単調である。前述したように祈願、祝願、口寄せなどといった巫歌は旋律に合わせて歌われる。

あとがき

日韓は仏教や儒教などほとんど共通した宗教文化をもっている。ところが、今の韓国と日本は非常に対照的な宗教現象が起きている。今後、その価値観の対立は一段と目立つようになるだろう。私は長崎の福江、天草などの隠れキリシタン史の調査、踏み絵に関心を持ち、日本人の信仰と正直さを考えさせられた。日本人は韓国キリスト教の現象をおかしな新興宗教かオカルトのように見ている人も多いが、その韓国のキリスト教会は日本に積極的に伝道宣教運動を行っている。

本書では日韓キリスト教の違いを背景に、韓国のキリスト教とシャーマニズムについて考察した。ちょっと不思議に感じられるかもしれないが、これが韓国の現実で、今後の相互理解に役立つことを願って書いた。韓国キリスト教の異様さが感じられる表現が少なくないかもしれないが、理解してもらいたい。

韓国は国民の三割近くがクリスチャンであり、戦後世界で最もキリスト教化が進んだ国である。世界最大規模の教会が韓国にある。韓国から多くの宣教師たちが日本にやってきて活躍している。宣教師たちは国内での経験から自信をもって韓国式で海外に出向き、宣教に走り回っている。

韓国では、シャーマニズムという神霊主義が韓国のキリスト教の普及に強い影響を与えた。日本にも多くの宣教師が来ているが、宣教はほぼ在日同胞に限られ、多くは民族主義で行われている。日本人には「拍手とアーメン」という韓国教会という印象があり、抵抗感を持っている人が多い。韓国の教会では「通声祈禱」や泣きながらの祈りも多く、日本人には馴染まない礼拝様式である。

本書は、韓国における二つの宗教の混合について韓国文化論的に書いた。シャーマニズムはキリスト教にだけではなく、酒飲や音楽、演劇、映画などまでも大きく影響している。たとえば若者たちのリズム音楽も、一種のシャーマン的精神文化に通じるとみてよい。

私自身にとっては、キリスト教によって生き方が否定的な態度から肯定的に変わったことは大きい。そして多くの人を愛せるようになった。この本もその一つの証として、今日まで生きてきた私のおいたちから研究に至る過程を含めて書いてみた。

最後になりましたが、本書を出すために御尽力下さいました京都大学の小倉紀蔵教授、編集長の松田健様、羽田雅美様、最愛の妻の幸子にも愛情をもって感謝する。本書はユーラシア財団の支援を受けて成し遂げたものです。同財団に感謝します。

参考文献

赤松智城・秋葉隆編『朝鮮巫俗の研究』上巻 大阪屋号商店・一九三八年
泉靖一「シャーマニズムの世界」『世界』二六七 岩波書店・一九六八年
伊藤亜人「秋葉隆」綾部恒雄編『文化人類学群像 三 日本編』アカデミア出版会・一九八八年
小倉紀蔵『朝鮮思想全史』ちくま新書・二〇一七年
金龍徳「婦女守節考」『亜細亜女性研究』淑明女子大学校亜細亜女性問題研究所・一九六八年
崔吉城「南海島嶼의 草墳」『女性東亜』一〇・一九六八年
崔吉城、舘野晳訳『哭きの文化人類学――もう一つの韓国文化論』勉誠出版・二〇〇三年
酒井正子『奄美・沖縄 哭きうたの民族誌』小学館・二〇〇五年
藤本英夫『泉靖一伝――アンデスから済州島へ』平凡社・一九九四年
眞木琳（任晳宰）「朝鮮の説話」『朝鮮』二七二（一月号）朝鮮総督府・一九三八年
村山智順『朝鮮の巫覡』朝鮮総督府・一九三二年
アチックミューゼアム編『朝鮮多島海旅行覚書』アチックミューゼアム・一九三九年
柳東植『韓国宗教と基督教』大韓基督教書会・一九六五年
柳洪烈『韓国天主教会史』（全二巻）カトリック出版社・一九六二年
クリスチャン＝アカデミー編『韓国教会聖霊運動の現象と構造』対話出版社・一九八一年
大賀寿吉等編『日本組合教会便覧 大正7年』日本組合基督教会事務所・一九一八年

ちくま新書
1598

キリスト教《きょう》とシャーマニズム
――なぜ韓国《かんこく》にはクリスチャンが多《おお》いのか

二〇二一年九月一〇日　第一刷発行

著　者　崔吉城（チェ・キルソン）

発行者　喜入冬子

発行所　株式会社 筑摩書房
東京都台東区蔵前二-五-三　郵便番号一一一-八七五五
電話番号〇三-五六八七-二六〇一（代表）

装幀者　間村俊一

印刷・製本　株式会社 精興社

ISBN978-4-480-07426-3 C0216

ちくま新書

064 民俗学への招待　宮田登
なぜ私たちは正月に門松をたて雑煮を食べ、晴着を着るのだろうか。柳田国男、南方熊楠、折口信夫などの民俗学研究の成果を軸に、日本人の文化の深層と謎に迫る。

085 日本人はなぜ無宗教なのか　阿満利麿
日本人には神仏とともに生きた長い伝統がある。それなのになぜ現代人は無宗教を標榜し、特定宗派を怖れるのだろうか？　あらためて宗教の意味を問いなおす。

445 禅的生活　玄侑宗久
禅とは自由な精神だ！　禅語の数々を紹介しながら、言葉では届かない禅的思考の境地へ誘う。窮屈な日常に変化をもたらし、のびやかな自分に出会う禅入門の一冊。

615 現代語訳 般若心経　玄侑宗久
人はどうしたら苦しみから自由になれるのか。言葉や概念といった理知を超え、いのちの全体性を取り戻すための手引を、現代人の実感に寄り添って語る新訳決定版。

744 宗教学の名著30　島薗進
哲学、歴史学、文学、社会学、心理学など多領域から宗教理解、理論の諸成果を取り上げ、現代における宗教的なものの意味を問う。深い人間理解へ誘うブックガイド。

783 日々是修行——現代人のための仏教一〇〇話　佐々木閑
仏教の本質とは生き方を変えることだ。日々のいとなみの中で智慧の力を磨けば、人は苦しみから自由になれる。科学の時代に光を放つ初期仏教の合理的な考え方とは。

814 完全教祖マニュアル　架神恭介　辰巳一世
キリスト教、イスラム、仏教などの伝統宗教から現代日本の新興宗教まで古今東西の宗教を徹底的に分析。教義や組織の作り方、奇跡の起こし方などすべてがわかる！

ちくま新書

1227 ヒトと文明
――狩猟採集民から現代を見る
尾本恵市
人類はいかに進化を遂げ、文明を築き上げてきたか。遺伝人類学の大家が、人類の歩みや日本人の起源を多角的に検証。狩猟採集民の視点から現代の問題を照射する。

1237 天災と日本人
――地震・洪水・噴火の民俗学
畑中章宏
地震、津波、洪水、噴火……日本人は、天災を生き抜く知恵を、風習や伝承、記念碑等で受け継いできた。各地の災害の記憶をたずね、日本人と天災の関係を探る。

1244 江戸東京の聖地を歩く
岡本亮輔
歴史と文化が物語を積み重ね、聖地を次々に生み出してきた江戸東京。神社仏閣から慰霊碑、墓、塔、スカイツリーまで、気鋭の宗教学者が聖地を自在に訪ね歩く。

1273 誰も知らない熊野の遺産〈カラー新書〉
栂嶺レイ
世界遺産として有名になったが、熊野にはまだ手つかずの風景が残されている。失われつつある日本の、日本人の原型を探しにいこう。カラー写真満載の一冊。

1284 空海に学ぶ仏教入門
吉村均
空海の教えにこそ、伝統仏教の教義の核心が凝縮されている。弘法大師が説く、苦しみから解放される心のあり方「十住心」に、真の仏教の教えを学ぶ画期的入門書。

1285 イスラーム思想を読みとく
松山洋平
「過激派」と「穏健派」はどこが違うのか？　テロに警鐘を鳴らすのでも、平和な宗教として擁護するのでもない、イスラームの対立構造を浮き彫りにする一冊。

1286 ケルト 再生の思想
――ハロウィンからの生命循環
鶴岡真弓
近年、急速に広まったイヴェント「ハロウィン」。この祭りに封印されたケルト文明の思想を解きあかし、古代ヨーロッパの精霊を現代へよみがえらせる。

ちくま新書

1291 日本の人類学 山極寿一 尾本恵市

人類はどこから来たのか？　ヒトはなぜユニークなのか？　東大の分子人類学と京大の霊長類学を代表する二大巨頭が、日本の人類学の歩みと未来を語り尽くす。

1296 ブッダたちの仏教 並川孝儀

仏教は多様な展開を含む複雑な宗教である。歴史上のブッダへ実証的にアプローチし、「仏」と「法」という二つの極から仏教をとらえなおすダイナミックな論考。

1326 仏教論争 ――「縁起」から本質を問う 宮崎哲弥

和辻哲郎や三枝充悳など、名だたる知識人、仏教学者が繰り広げた、縁起をめぐる戦前・戦後の論争。犀利な分析を通して、その根本を浮かび上がらせた渾身作！

1329 京都がなぜいちばんなのか 島田裕巳

京都の神社仏閣にはそれぞれに歴史と、謎がある。その謎を解いていくことで、京都のいまだ隠された魅力を見つけ、人を惹きつけてやまない源泉を明らかにする。

1330 神道入門 ――民俗伝承学から日本文化を読む 新谷尚紀

神道とは何か。古代の神祇祭祀に仏教・陰陽道・道教など多様な霊験信仰を混淆しつつ、国家神道を経て今日の形に至るまで。その中核をなす伝承文化と変遷を解く。

1370 チベット仏教入門 ――自分を愛することから始める心の訓練 吉村均

生と死の教えが世界的に注目されているチベットの仏教。その正統的な教えを解説した初めての入門書。基礎的な知識から学び方、実践法までをやさしく説き明かす。

1395 こころの人類学 ――人間性の起源を探る 煎本孝

人類に普遍的に見られるこころのはたらきはどこで生まれたのか。カナダからチベットまで、半世紀にわたり世界を旅した人類学者が人間のこころの本質を解明する。

ちくま新書

1403
ともに生きる仏教
――お寺の社会活動最前線
大谷栄一編
「葬式仏教」との批判にどう応えるか。子育て支援、グリーフケアと終活、アイドル育成、NPOとの協働、貧困対策。社会に寄り添う仏教の新たな可能性を探る。

1410
死体は誰のものか
――比較文化史の視点から
上田信
死体を忌み嫌う現代日本の文化は果たして普遍的なのか。チベット、中国、キリスト教、ユダヤ――。来るべき多死社会に向けて、日本人の死生観を問い直す。

1424
キリスト教と日本人
――宣教史から信仰の本質を問う
石川明人
日本人の99％はなぜキリスト教を信じないのか？ 宣教師たちの言動や、日本人のキリスト教に対する複雑な眼差しを糸口に宗教についての固定観念を問い直す。

1450
日本の民俗宗教
松尾恒一
大嘗祭、ねぶた、祇園祭り……。「日本の伝統」はいかに作られたのか。古代から現代まで、外来文化との混淆や対立により形成された日本の民俗信仰の変遷を追う。

1459
女のキリスト教史
――「もう一つのフェミニズム」の系譜
竹下節子
キリスト教は女性をどのように眼差してきたのか。聖母マリア、ジャンヌ・ダルク、マザー・テレサ……、世界を動かした女性たちの差別と崇敬の歴史を読み解く。

1481
芸術人類学講義
鶴岡真弓編
人類は神とともに生きることを選んだ時、「創造する種」として歩み始めた。詩学、色彩、装飾、祝祭、美術の観点から芸術の根源を問い、新しい学問を眺望する。

1487
四国遍路の世界
愛媛大学四国遍路・世界の巡礼研究センター編
近年ブームとなっている四国遍路。四国八十八ヶ所霊場の成立など歴史や現在の様相、海外の巡礼との比較など、さまざまな視点から読みとく最新研究15講。

ちくま新書

1523 ウンコはどこから来て、どこへ行くのか
——人糞地理学ことはじめ
湯澤規子
水に流せば、それでおしまい？　過去には農業の肥料として重宝されたり、反対に伝染病の元として忌避されたりしたウンコ。忘却させられたその歴史をたどる。

1527 新宗教を問う
——近代日本人と救いの信仰
島薗進
創価学会、霊友会、大本、立正佼成会——。なぜ日本では新宗教がかくも大きな存在になったのか。現代の救済のかたちを問う、第一人者による精神文化研究の集大成。

1581 廃仏毀釈
——寺院・仏像破壊の真実
畑中章宏
明治の神道国教化により起こり、「寺院・仏像を破壊する熱狂的民衆」というイメージが流布する廃仏毀釈。実際はどんなものだったのか。各地の記録から読みとく。

1595 インドネシア
——世界最大のイスラームの国
加藤久典
世界一のイスラーム人口を誇るインドネシアは、多民族多言語を抱える多様性の国でもあった。ムスリムの声と共に、教義と実践の狭間で揺れる大国の実態を描く。

132 ケアを問いなおす
——〈深層の時間〉と高齢化社会
広井良典
高齢化社会において、老いの時間を積極的に意味づけてゆくケアの視点とは？　医療経済学、医療保険制度、政策論、科学哲学の観点からケアのあり方を問いなおす。

377 人はなぜ「美しい」がわかるのか
橋本治
「美しい」とはどういう心の働きなのか？「合理性」や「カッコよさ」とはどう違うのか？　日本の古典や美術に造詣の深い、活字の鉄人による「美」をめぐる人生論。

395 「こころ」の本質とは何か
——統合失調症・自閉症・不登校のふしぎ
シリーズ・人間学⑤
滝川一廣
統合失調症、自閉症、不登校——。これら三つの「こころ」の姿に光を当て、「個的」でありながら「共同的」でもある「こころ」の本質に迫る、精神医学の試み。

ちくま新書

877
現代語訳 論語
齋藤孝訳
学び続けることの中に人生がある。――二千五百年間、読み継がれ、多くの人々の「精神の基準」となった古典中の古典を、生き生きとした訳で現代日本人に届ける。

881
東大生の論理
――「理性」をめぐる教室
高橋昌一郎
東大生は理詰めで、知的で、クールなの？　東大の論理学講義で行った対話をもとにして、その発想、論法、倫理にふれる。理性の完全性を考えなおす哲学エッセイ。

893
道徳を問いなおす
――リベラリズムと教育のゆくえ
河野哲也
ひとりで生きることが困難なこの時代、他者と共に生きるための倫理が必要となる。「正義」「善悪」「権利」とは何か？　いま、求められる「道徳」を提言する。

906
論語力
齋藤孝
学びを通した人生の作り上げ方、社会の中での自分の在り方、本当の合理性、柔軟な対処力――。『論語』の中には、人生に必要なものがすべてある。決定的入門書。

910
現代文明論講義
――ニヒリズムをめぐる京大生との対話
佐伯啓思
殺人は悪か？　民主主義はなぜ機能しないのか？――ニヒリズムという病が生み出す現代社会に特有の難問について学生と討議する。思想と哲学がわかる入門講義。

912
現代語訳 福翁自伝
福澤諭吉
齋藤孝編訳
近代日本最大の啓蒙思想家福沢諭吉の自伝を再編集&現代語訳。痛快で無類に面白いだけではない。読めば必ず、最高の人生を送るためのヒントが見つかります。

946
日本思想史新論
――プラグマティズムからナショナリズムへ
中野剛志
日本には秘められた実学の系譜があった。『TPP亡国論』で話題の著者が、伊藤仁斎、荻生徂徠、会沢正志斎、福沢諭吉の思想に、日本の危機を克服する戦略を探る。

ちくま新書

953 生きるための論語 安冨歩

『論語』には、人を「学習」の回路へと導き入れる叡智がある。その思想を丁寧に読み解き、ガンジー、サイバネティクス、ドラッカーなどと共鳴する姿を描き出す。

990 入門　朱子学と陽明学 小倉紀蔵

儒教を哲学化した朱子学と、それを継承しつつ克服しようとした陽明学。東アジアの思想空間を今も規定するその世界観の真実に迫る、全く新しいタイプの入門概説書。

1017 ナショナリズムの復権 先崎彰容

現代人の精神構造は、ナショナリズムとは無縁たりえない。アーレント、吉本隆明、江藤淳、丸山眞男らの名著から国家とは何かを考え、戦後日本の精神史を読み解く。

1039 社会契約論――ホッブズ、ヒューム、ルソー、ロールズ 重田園江

この社会の起源には何があったのか。ホッブズ、ヒューム、ルソー、ロールズの議論を精密かつ大胆に読みなおし、近代の中心的思想を今に蘇らせる清冽な入門書！

1043 新しい論語 小倉紀蔵

『論語』はずっと誤読されてきた。それは孔子をシャーマンとして捉えてきたからだ。アニミズム的世界観に基づく新解釈を展開。東アジアの伝統思想の秘密に迫る。

1079 入門　老荘思想 湯浅邦弘

俗世の常識や価値観から我々を解き放とうとする「老子」と「荘子」の思想。新発見の資料を踏まえてその教えをじっくり読み、謎に包まれた思想をいま解き明かす。

1099 日本思想全史 清水正之

外来の宗教や哲学を受け入れ続けてきた日本人。その根底に流れる思想とは何か。古代から現代まで、この国のものの考え方のすべてがわかる、初めての本格的通史。